产教融合视域下
高职院校"课程思政"理论与实践研究

刘平国◎著

湘潭大学出版社

图书在版编目（CIP）数据

产教融合视域下高职院校“课程思政”理论与实践研究 / 刘平国著. -- 湘潭 : 湘潭大学出版社，2020.9
ISBN 978-7-5687-0468-7

Ⅰ. ①产… Ⅱ. ①刘… Ⅲ. ①高等职业教育－思想政治教育－教学研究－中国 Ⅳ. ① G711

中国版本图书馆 CIP 数据核字（2020）第 182440 号

产教融合视域下高职院校“课程思政”理论与实践研究

刘平国 著

责任编辑：王亚兰
封面设计：何 健
出版发行：湘潭大学出版社
社 址：湖南省湘潭大学工程训练大楼
电 话：0731-58298960 0731-58298966（传真）
邮 编：411105
网 址：http://press.xtu.edu.cn/
印 刷：广东虎彩云印刷有限公司
经 销：湖南省新华书店
开 本：710mm×1000 mm 1/16
印 张：12.25
字 数：194 千字
版 次：2020年9月第1版
印 次：2022年3月第1次印刷
书 号：ISBN 978-7-5687-0468-7
定 价：48.00 元

序　言

我国历来重视高校思想政治工作，它关系着高校培养什么样的人、如何培养人以及为谁培养人的根本问题。当下，全国高校正在逐步推进“课程思政”建设工作，这是由现实问题倒逼而采取的应对措施，更是我国教育体制改革的一项重要突破。

纵观以往，各学科的教学是单独形成并独立发展的，故而我国的教育改革形式多是一种纵向的自我纠正与完善，而“课程思政”正在尝试一种全新的教育改革思路，即从横向和纵向两个维度筹划思想政治教育的教学设计。纵向依旧是走传统的思政教学之路，树立问题意识，坚持问题导向，继续深化思政课教学改革；横向则是结合其他学科的特点，有针对性地将其他学科内容纳入思政教育内容，实现专业知识传授与价值观引领的同频共振，增强思想政治教育的说服力与感染力。这种改革形式对于破解思想政治理论课“孤岛化”窘境以及消除思政教育与专业教育“两张皮”现象，实现各类课程与思政课程同向同行具有重要意义。目前，“课程思政”建设在我国各类高校开展得如火如荼，取得了一定成效，但仍面临不少问题，需要各高校共同努力加以破解。

本书主要研究产教融合背景下高职院校的“课程思政”建设问题。在厘清“课程思政”一些理论问题的基础上，进一步分析“产教融合、校企共育”模式下高职院校“课程思政”的实践工作。本书共有八部分内容：

第一部分主要分析“课程思政”建设的时代背景和高职院校建设“课程思政”的价值，并对国内外“课程思政”的相关研究成果加以整理。

第二部分主要研究“课程思政”的内在意蕴，将从“课程思政”的源起与演进，以及内涵和特点三个方面加以阐述。

第三部分主要研究“课程思政”的理论基础，分析关于人的全面发展理论、隐性教育理念和有效教学理论对“课程思政”建设的价值与意义。

第四部分主要分析“课程思政”与思政课程的关系，在科学把握两者辩证关系的基础上，着重探讨“课程思政”与思政课程的同向同行问题。

第五部分主要研究“课程思政”与产教融合的关系，分析产教融合背景下“课程思政”建设面临的新机遇与新挑战，着力打造产教融合视域下的思想政治教育共同体。

第六部分主要分析我国高职院校“课程思政”的建设现状，既通过列举多个具体案例阐述当前国内相关院校实施“课程思政”所取得的成果，又整体分析目前我国高职院校“课程思政”建设存在的问题及面临的现实困境。

第七部分主要研究在产教融合的大背景下，我国高职院校实施“课程思政”建设的路径设计，分析其应遵守的基本原则，应完成的主要任务以及可遵循的行动路向。

第八部分则结合我国高职院校的具体课程，分析其思政元素，为相关课程实施“课程思政”提供参考。

本书的主要科研成果得到了2020年度湖南省社会科学成果评审委员会课题“产教融合视域下湖南高职院校‘课程思政’改革路径研究”的支持，谢丽君、沈言锦、王峰、朱静怡、胡小锋为本书的撰写和定稿提供了丰富的文献支持和案例佐证，付出了不少心血和努力，在此一并鸣谢！

由于时间和水平的限制，本书可能存在不少缺点和欠考虑之处，恳请各位读者和各方面专家不吝赐教，给予批评指正。

目 录

第一章　引　论

我国历来重视高校思想政治教育工作,始终强调其育人实效性的提升。近年来,“课程思政”作为增强高校思想政治教育实效性的新方法、新手段,已逐渐成为我国各类院校教学改革中的热门词汇。其中,高职院校对“课程思政”建设的探索也是开展得如火如荼。研究高职院校中“课程思政”建设的理论与实践问题,需要在把握“课程思政”建设的时代背景与现实价值的基础上,厘清研究现状,汲取研究成果。

第一节　“课程思政”建设的价值

一、“课程思政”建设的时代背景

随着改革开放的不断深入,我国取得举世瞩目的成就。经济总量快速增长,先后超过德国和日本,成为世界第二大经济体。现如今,中国特色社会主义进入新时代,我国经济由高速增长转为高质量发展阶段,政治、文化、社会、生态等方面的发展有序推进,当下是中国历史上最接近中华民族伟大复兴目标的时期。然而,中华民族的伟大复兴梦,绝对不是轻而易举、喊喊口号就能实现的,一定要经历许许多多新历史环境下的斗争。新时代,是我国社会各方面欣欣向荣、人民充满希望与斗志的阶段,也是各种矛盾、各种问题纷繁复杂的时期。其中,在意识形态这方面的斗争最为突出。

中国的崛起引起了西方发达国家的警惕。某些敌对势力不放过任何机会,绞尽脑汁对我国实行西化以及分化战略规划。显而易见,作为民族的未来与希望，青年一代毋庸置疑地成了中西方抢夺的对象。伴随着经济全球化的不断深入，以及互联网的日益畅通，各国之间的文化交流愈加密切，西方敌对势力借此加紧对中国青年进行文化渗透。其主要渠道就是通过网络这一技术载体，以影视作品、学术交流等形式美化西方资本主义制度，倡导西方民主，在中国青年一代中散布崇洋媚外的思想。对于身处在这两种意识形态、两种社会制度的较量之中的青年学生而言，相当数量的人都面临着诸多选择困惑，比如说，认同个人主义或是集体主义的价值选择，依照义利统一或是以利为先的价值标准、遵循共同富裕或是贫富差别的价值目标与秉持资本主义优越感或是社会主义优越感的价值信念等。面对诸如此类的社会思潮与价值观的摩擦、碰撞，很多青年学生难以做出正确选择，因为他们自身正处在一个重要的成长阶段，由于社会经历不够、文化积淀不足，其世界观、人生观、价值观还未稳定成型，当他们面对意识形态领域中的冲突和交锋时，很难做出正确的选择与取舍。因此，如何让主流意识形态在多元思想文化交流交锋中占据主导地位，发挥应有的正能量，是新时代思想政治教育面临的新挑战，而如何让青年学生在纷纭繁杂的社会思潮中形成正确的价值观念与政治认同，同样是当下思想政治教育所需要担当的新任务。

为帮助青年学生正确运用马克思主义的立场、观点和方法认识和解决问题，巩固马克思主义在意识形态领域的主导地位，从2004年中央16号文件①，到2014年中央59号文件②，再到2016年中央31号文件③，都强调要极力加强在大学生思想政治教育中发挥主渠道作用的课堂教学，注重挖掘和运用各学科所蕴含的思想政治教育资源，引领高校主流意识形态积极健康向上，引导青年大学生树立积极正向的世界观、人生观和价值观。2016年12月，习近平总书记在全国高校思想政治工作会议上强调指出：“高校思想政治工作关

① 中共中央、国务院.关于进一步加强和改进大学生思想政治教育的意见，中发〔2004〕16号.

② 中共中央办公厅、国务院办公厅.关于进一步加强和改进新形势下高校宣传思想工作的意见，中办国办印发文件〔2014〕59号.

③ 中共中央、国务院.关于加强和改进新形势下高校思想政治工作的意见，中发〔2016〕31号.

系高校培养什么样的人、如何培养人以及为谁培养人这个根本问题”[①]。所以，“做好高校思想政治工作，要因事而化、因时而进、因势而新。要用好课堂教学这个主渠道，思想政治理论课要坚持在改进中加强，提升思想政治教育亲和力和针对性，满足学生成长发展需求和期待，其他各门课都要守好一段渠、种好责任田，使各类课程与思想政治理论课同向同行，形成协同效应。”[②]

为此，中共教育部党组于2017年12月发布了关于《高校思想政治工作质量提升工程实施纲要》的相关通知，其中非常清楚地提出“要坚持育人导向，突出价值引领，建立健全系统化育人长效机制，特别是统筹推进课程育人，以此推动以‘课程思政’为目标的课堂教学改革，优化课程设置，修订专业教材，完善课堂教学设计，加强教学管理，充分挖掘和运用各门课程所蕴含的思想政治教育元素和所承载的思想政治教育功能，融入课堂教学各环节，实现思想政治教育与知识体系教育的有机统一”[③]。因此，“课程思政”建设的提出，是贯彻落实习总书记重要讲话精神、完善巩固全员全方位全过程育人格局、进一步提升高校思想政治教育针对性和实效性的教育教学改革的产物。

二、高职院校“课程思政”建设的价值

高职院校是我国职业教育的重要组成部分，承担着为经济社会发展输送高素质技术技能型人才的重要使命，在我国高等教育中发挥着举足轻重的作用。在高职院校中进行“课程思政”教育教学改革探索，是新形势下加强高职院校思想政治工作的题中之义，也为现代职业教育的人才培养指明了方向。

（一）高度：“课程思政”建设是高职院校坚持社会主义办学方向不动摇的强力保证

社会性质决定教育方向。在教育与社会的关系的问题上，马克思、恩格

① 把思想政治工作贯穿教育教学全过程 开创我国高等教育事业发展新局面[N].人民日报，2016-12-09(1).

② 把思想政治工作贯穿教育教学全过程 开创我国高等教育事业发展新局面[N].人民日报，2016-12-09(1).

③ 中共教育部党组.高校思想政治工作质量提升工程实施纲要，教党〔2017〕62号.

斯指出“教育一般说来取决于生活条件”，教育是培养人的社会实践活动，培养什么人、怎样培养人、为谁培养人，取决于社会关系而非教育本身。不是教育决定社会，而是社会关系决定教育。因此，办学总是与国家的政治要求紧密相连，需要为国家的经济政治发展服务。

坚持社会主义办学方向是新中国成立70余年来党领导人民进行教育实践探索而形成的经验和制度结晶。新中国成立伊始，党就十分明确地制定了教育服务人民的发展方向，确定了社会主义国家培养人才的基本格局。1949年9月通过的《中国人民政治协商会议共同纲领》强调规定：“人民政府的文化教育工作，应以提高人民文化水平，培养国家建设人才，肃清封建的、买办的、法西斯主义的思想，发展为人民服务思想为主要任务。”之后，第一次全国教育工作会议也明确了新中国教育要“为人民服务”。毛泽东在《关于正确处理人民内部矛盾的问题》中首次阐明了党的教育方针，明确了社会主义教育的人才培养目标，即：“应该使受教育者在德育、智育、体育几方面都得到发展，成为有社会主义觉悟的有文化的劳动者。”1981年在《关于建国以来党的若干历史问题的决议》中提出，党在社会主义建设时期的人才培养，要“坚持德智体全面发展、又红又专、知识分子与工人农民相结合、脑力劳动与体力劳动相结合”。1995年，《中华人民共和国教育法》规定：“教育必须为社会主义现代化建设服务，必须与生产劳动相结合，培养德、智、体等方面全面发展的社会主义事业的建设者和接班人”，以法律形式强调了为社会主义现代化建设服务的教育“一为服务”方向。21世纪初，党的十六大报告再次重申教育必须“为人民服务”，党的十七大和十八大坚持了这一思想。2015年修订的《教育法》规定教育“为社会主义现代化建设服务、为人民服务”，从而明确了教育的“二为服务”方向。2016年，在全国高校思想政治工作会议上，习近平总书记强调，“我国高等教育发展方向要同我国发展的现实目标和未来方向紧密联系在一起，为人民服务，为中国共产党治国理政服务，为巩固和发展中国特色社会主义制度服务，为改革开放和社会主义现代化建设服务。”[①]因此，办好高等教育，必须在建设什么样的大学、怎样建设大学、培养什么样的人、怎样培养人以及为谁培养人等这些根本问题上坚持社会主义办学方向。“课程思政”是高职院校提升思想政治教育工作有效性的重要举措，强调在各学科中充分挖掘思想政治教育资源，在知识传授过程中潜移默化地进行价值引领，实现两者的有机结合，充分体现了社会主义大学的育人导向。

将坚持社会主义意识形态作为根本特征，是保证社会主义办学方向的前提。我国教育最亮丽的底色是作为立党立国之根本指导思想的马克思主义。新中国成立以来，我国几代领导人就通过各种形式对学校教育的本质以及如何通过学校教育来传播、弘扬马克思主义等问题做了相关论述或指示。习总书记指出，“我们的高校是党领导下的高校，是中国特色社会主义高校。办好我们的高校，必须坚持以马克思主义为指导，全面贯彻党的教育方针。要坚持不懈传播马克思主义科学理论，抓好马克思主义理论教育，为学生一生成长奠定科学的思想基础。”[②]高职院校通过“课程思政”建设，能够通过课堂教学这一主渠道传播和弘扬马克思主义理论，将主流意识形态贯穿到教学的全过程，使高职院校成为研究和传播马克思主义的基地和高地。

（二）深度：“课程思政”建设是高职院校推进立德树人工作的有效支撑

培养什么人、怎样培养人、为谁培养人是教育的根本问题。因此，高校必须坚持社会主义办学方向，落实立德树人的根本任务。“要把立德树人的成效作为检验学校一切工作的根本标准，真正做到以文化人、以德育人，不断提高学生思想水平、政治觉悟、道德品质、文化素养，做到明大德、守公德、严私德。要把立德树人内化到大学建设和管理各领域、各方面、各环节，做到以树人为核心，以立德为根本。[③]”习总书记关于立德树人的重要论述明确了教育的本质，为高等教育的发展指明了方向。

---

① 把思想政治工作贯穿教育教学全过程 开创我国高等教育事业发展新局面[N]. 人民日报，2016-12-09(1).

② 把思想政治工作贯穿教育教学全过程 开创我国高等教育事业发展新局面[N]. 人民日报，2016-12-09(1).

③ 抓住培养社会主义建设者和接班人根本任务 努力建设中国特色世界一流大学[N]. 人民日报，2018-5-3(1).

中华民族历来重视教育,尤其是道德教育。《左传》有云"太上有立德,其次有立功,其次有立言,虽久不废,此之谓不朽。"意指树立德行、建功立业、著书立说乃人生永垂不朽的几大目标,其中,培育高尚品德则实为人一生中最高的价值追求。《孟子》有云"人之所以异于禽兽者几希;庶民去之,君子存之。舜明于庶物,察于人伦,由仁义行,非行仁义也。"意指人和动物最根本的区别在于人有道德追求。因此,在中华民族的价值观中,成功的教育必须包含道德教育。立德树人就是在中国特色社会主义进入新时代的历史方位下,在继承中华民族优秀教育传统的历史基础上,在实现中华民族伟大复兴梦想的指引下,结合时代发展与当代国情赋予其新内涵,而逐渐形成的一个完整的教育理论体系。它是党和人民教育实践的结晶,是中国特色社会主义教育的核心精髓与灵魂。高职院校实施"课程建设"是推进立德树人工作的有效支撑。

实施"课程思政"建设,能进一步明确教师"教书育人"的根本使命。立德树人,师德为先。育有德之人,需靠有德之师。教师是学生的引路人,只有教师不断加强自身修养,做习近平新时代中国特色社会主义思想的坚定信仰者与忠实实践者,才有助于社会主义的优秀接班人和可靠建设者的高质量培养。就目前而言,在人才培养方面,我国大部分高职院校更倾向于培养学生的技能,而在育人、育德方面还不够重视。实施"课程思政"则要求每一位教师在教育教学过程中把握好立德树人这一根本任务,这既能帮助教师不断提高自身道德修养,做到以德立身、以德立学,从而以德施教、以德育德,又能激励教师发挥能动作用,使每门课程都能发挥思想政治教育育人效能,实现"教书"和"育人"的双重使命。

实施"课程思政"建设,能有效培养德才兼备、德智体美劳全面发展的接班人。实现人的全面发展是社会主义教育的根本目标,同样也是马克思主义的基本立场。人是社会环境的产物,是一切社会关系的总和。人只有做到个体价值与社会价值的统一,才能实现真正的自我价值。正如马克思所言:"人只有为同时代人的完美、为他们的幸福而工作,自己才能达到完美。"当今世界,国际竞争激烈,人才既是国家发展的第一资源,也是中华民族更好地立于世界民族之林的先决条件。合格的社会主义接班人不仅要有渊博的知识、卓越的技能,更需要有高尚的道德情操与坚定的政治立场。然而,正如前文所说,当前我国高职教育存在着重技能传授而轻道德培养的现象,导致部分学生成为了“精致的利己主义者”。而那些有着卓越技能,却缺乏担当意识、毫无家国情怀的所谓“人才”,绝不是社会主义教育培养的目标。高职院校通过实施“课程思政”建设,将思想政治教育有机地融入各门课程之中,牢牢抓住“培养什么人”这个根本问题,紧紧把握课堂教学这一主渠道,能够实现知识传授与价值引领的有机统一,在悄无声息中达到立德树人的效果。

(三)广度:“课程思政”建设是高职院校完善“三全育人”的重要保障

教育是助力社会发展、民族昌盛的必备基石,是利在千秋、功在当代的德政项目,是党之大计与国之大计。高等教育是最高层次的国民教育,肩负着人才培养、社会服务、国际交流的重要使命,随着中国特色社会主义进入新时代,我国高等教育迎来了新的发展机遇,但在人才培养的根本任务上也面临着新的更高要求。如何立足世情国情,培养大批适应社会发展要求、契合人民群众期待、匹配国家国际地位、有着坚定理想信念与正确政治立场的社会主义有用人才,是新时代我国高等教育必须解决的重大问题。针对此问题,在全国高校思想政治工作会议上,习近平总书记强调,高校“要坚持把立德树人作为中心环节,把思想政治工作贯穿教育教学全过程,实现全程育人、全方位育人,努力开创我国高等教育事业发展新局面”。①

党的十九大以来,教育部聚焦实现全员全过程全方位育人,启动“三全育人”(全员育人、全过程育人、全方位育人)综合改革试点。“三全育人”体现了高等教育立德树人的内在要求,深化了对我国高校思想政治教育工作的规律性认识。推进高等教育“三全育人”,就是要把立德树人融入学校学科体系、教学体系、教材体系、管理体系等教育教学各环节和各方面,全员、

① 把思想政治工作贯穿教育教学全过程 开创我国高等教育事业发展新局面[N].人民日报,2016-12-09(1).

全过程、全方位锻造能够担当民族复兴大任的时代新人。其中,全员是指高校全体教职工,既包括党政干部、辅导员、班主任、思想政治理论课教师,也包括其他学科教师、教辅人员乃至各类职能部门的行政人员、后勤服务人员等,他们都应强化育人意识,在本职工作中教育或引导学生树立正确价值观念,自觉担当立德树人根本任务;全过程,意在把立德树人融入教材选择、质量验收、课程设置、备课授课等不同环节,贯穿学生从入学到毕业的整个过程,形成全领域、长时段的育人机制;全方位,是指打造校内校外、课内课外、线上线下的多维育人格局。总的来说,全员全过程全方位育人既有其各自的内在要求,同时又是一个相互联系、相互贯通的有机整体。高职教育作为高等教育中不可或缺的组成部分,承担着为社会主义现代化建设输送技术技能型人才的重要任务,面对新的发展要求,高职院校需要以"三全育人"为基本遵循,全面统筹,整合各方力量搭建一体化的育人体系。实施"课程思政"建设要求包括思想政治理论课在内的所有课程都发挥育人功能,所有教师都肩负育人职责,是完善高职院校"三全育人"工作的重要保障。

实施"课程思政"建设,能够打破高职院校思想政治教育工作"孤岛化"现象,确保育人工作贯穿教育教学全过程。意识形态领域工作无小事。高职院校作为国家后备人才资源储备库,意识形态工作的成效事关国家、社会的稳定发展。我国历来重视青年学生的思想政治教育工作,近年来,高职院校在思想政治教育研究与实践方面取得了一定成绩,但依旧存在着思想政治教育孤军奋战、思政教师单兵作战的"孤岛化"现象。在高职院校,思想政治教育、通识教育、专业教育是其主要的三种教育类型,就教学内容和教学实践而言,思想政治理论课由于课时较短,且课程单一容易让学生产生枯燥感,育人效果并不可观。相比较,通识课和专业课的课程时间较多,教学内容也更为丰富,但这两种教育类型更注重知识传授与技能培训,很少发挥价值引领作用。因此,三大教育类型"各自为战"的现象严重阻碍了高职院校育人工作的进展。"课程思政"建设,在强调思想政治理论课发挥主导作用的同时,在通识课和专业课中也贯穿社会主义核心价值观教育,由单一的"思政课程"转向多层面的"课程思政",实现各类课程与思想政治理论课同向同行，发挥“1＋1＞2”的效果，实现协同育人。

实施“课程思政”建设，能够凝聚各类课程以形成合力作用，提升高职院校育人工作的实效性。长期以来，高职院校思政课程和专业课程在育人过程中存在着一定差距，表现为知识传授与价值引领一定程度的割裂，这主要是因为我国高等教育受工具主义思潮影响较大。现代大学产生以来，两大主流思潮——人文主义思潮和工具主义思潮影响着大学教育的改革发展。在全球化的背景下，由于对现代化的迫切追求，我国高校课堂中充斥着西方工具构成的话语体系，而国家意识、民族意识等人文主义教育有所削弱，工具理性教育与价值理性教育陷入失衡状态。前者虽能促进人们掌握知识技能，但过度重视且忽略后者的话，容易给人带来精神困惑甚至导致精神贫瘠。这并不符合新时代我国高等教育人才培养的目标。高职院校实施“课程思政”建设，可以实现工具理性与价值理性的统一。以思政课为核心，通过挖掘各类课程的思想政治教育资源，编织多维度的价值引领网，画出同向、同频、同力的“同心圆”，从而实现知识传授、能力培养与价值塑造的有机统一，推动建成“知识型、技能型、创新型劳动者大军”。

第二节　“课程思政”相关研究成果

一、国内研究现状

近年来，“课程思政”逐渐成为各方高度关注的理论和实践问题。分析已有资料，关于“课程思政”的研究专著少之又少，其研究多散见于学术期刊和高校学报。众多学者对“课程思政”的多维研究，取得了较为丰硕的成果，这对于推进高校育人工作有着积极作用。

（一）“课程思政”的内涵本质研究

目前学界对“课程思政”的内涵本质研究主要体现在以下几个方面：

首先，在概念界定上，大多数学者认为其核心要求就是将思想政治教育融入各类课程之中，实现思想价值引领。如高德毅、宗爱东（2017）认为，“课程思政”的本质不是增加一项活动，或者增设一门课程，而是在课程教学和改革的各方面、各环节中融入高校思想政治教育，实现立德树人润物无声。[①] 邱伟光(2017)认为，“课程思政”是指教师除了传播课程知识以外，还要有意识地牵引学生将课堂所学转化为本身的一种能力或素养，转化为个体精神系统的有机组成，转化为内在德性，成为学生认识世界与改造世界的基本方法与技能。[②]

其次，在相关概念辨析上，主要通过分析思政课程与“课程思政”的关系，进一步厘清后者本质。邱仁富(2018)、石书臣(2018)、张正光(2018)等学者认为，虽然思政课程与“课程思政”在思政内容、课程地位、课程特点和思政优势等方面相互区别，但是在要求和内容上的合拍性、方向和功能上的统一性、任务和目标上的共通性等领域又存在千丝万缕的联系，所以二者应该发挥各自的思想政治教育功能和育人优势，同向同行，共同构建高校思想政治教育课程体系。而何红娟(2017)、唐海风(2018)、杨涵(2018)等学者则认为应该主动转变思路，加快“思政课程”向“课程思政”的转化，从而打破传统思政教育理念，拓展和深化思想政治教育内涵，实现大思政格局。

最后，在“课程思政”的内涵阐释上，综合分析主要有三种见解：第一，“课程思政”是一种教育方法。史巍(2018)认为“课程思政”是对以往高校育人课程方法的革新，更新了原本毕其功于思想政治理论课一役的认知，让别的课程变成了实用的价值观教育载体，更加注重在整体课程设计上融入思想政治教育内容，发挥好所有课程的守渠和育人功能。[③] 方黎(2019)认为课程思政对于“优化思想政治理论课的呈现方式，实现课堂从‘约束’到‘解放’、转变专业课、通识课等非思想政治理论课教师的思想意识，实现受众由‘成物’到‘成人’，推进‘第二课堂’建设，实现‘理性’与‘感性’相结合”等方面有着巨大意义，因而实现了青年文化选择合规律性与合目的性的统一。[④] 第二，“课程思政”是一种教

---

① 高德毅，宗爱东. 从思政课程到课程思政：从战略高度构建高校思想政治教育课程体系[J]. 中国高等教育，2017(01)：43－46.

② 邱伟光. 课程思政的价值意蕴与生成路径[J]. 思想理论教育，2017(07)：10－14.

③ 史巍. 论以“课程思政”实现协同育人的关键点位及有效落实[J]. 学术论坛，2018，41(04)：168－173.

④ 方黎. “课程思政”为什么受青年学生喜爱——基于青年文化选择的学理分析[J]. 广西社会科学，2019(04)：179－183.

育体系。张丹丹(2018)认为,实现课程育人"需要运用复杂性思维方式科学审视'课程思政'本质内涵的基础,理顺各个教育要素之间的关系,搭配教育要素,形成体系教育力量"。① 赵鸣歧(2018)指出:"要建立思政课价值引领、综合素养课以文化人、专业课润物无声的立体化育人体系,从而建立一整套全过程、全员、全方位的整体协同教学体系,最终实现的是学校各部门齐抓共管、学校所有教师共同参与思想政治教育的常态化和制度化教育体系"。② 第三,"课程思政"是一种教育理念与责任。邱开金(2017)认为"课程思政在教育理念层面的突破,集中体现在将所有课程的教育性提升到思想政治教育的高度,表明课程教学目标之首要是正确人生观和价值观的涵树与养成,表明课程教学目标之首要是正确人生观和价值观的养成"。③ 罗珍颖(2018)认为"课程思政"是高校在所开设的各类人文社科通识课程、自然科学课程和专业课程里,将各门课程显在和隐在的各类思想政治教育资源都挖掘开发出来,并将其融入大学思想政治教育体系之中,从而形成这类课程与思想政治理论课有协同效应的立德树人育人理念。④

(二)"课程思政"的建设路径研究

如何推进"课程思政"建设,许多学者有不同看法,综合分析各种观点,可以归纳为几个层面:

在目标要素层面,有学者认为推进"课程思政"建设需坚守育人理念。闵辉(2017)指出"各个学科要从内生动力上催生出自我育人的内驱力,将学科理论体系发展与育人价值诉求发展融为一体"。⑤ 何红娟(2017)也认为需要实现理念融合,树立"协同育人、整体育人和发展育人理念"。⑥

---

① 张丹丹.复杂性视阈下"课程思政"建设路径研究[J].广西社会科学,2018(09):211—215.

② 赵鸣歧.高校专业类课程推进"课程思政"建设的基本原则、任务与标准[J].思想政治课研究,2018(05):86—90.

③ 邱开金.从思政课程到课程思政,路该怎样走[N].中国教育报,2017-03-21.

④ 罗珍颖.课程思政视角下参加大学生的素质能力培养研究[J].时代教育,2018(10):57—59.

⑤ 闵辉.课程思政与高校哲学社会科学育人功能[J].思想理论教育,2017(07):21—25.

⑥ 何红娟."思政课程"到"课程思政"发展的内在逻辑及建构策略[J].思想政治教育研究,2017,33(05):60—64.

在动力要素层面，学者们指出需激发内外资源来推进"课程思政"建设。首先，要"从政策导向、制度建设和机制保障等方面协力推进"，建立"上下联动的引导机制、互利共赢的合作机制、奖惩分明的激励约束机制"[①]，以此形成"课程思政建设"的外部保障动力。其次，要从教师和课程资源开发两个方面入手全力释放"课程思政"建设的内部发展动能。一方面，教师要积极发挥主观能动性，思政课教师应在"理论修养、方法素养、科学认识并遵循规律三方面起到'应然'引领作用"[②]，专业课教师则需提升自身思想政治素养，积极提高德育能力，努力成为"课程思政"的重要原动力。另一方面，要做好课程资源的"升级改造"工作，要注重课程设置的"差序格局"，积极打造"同心圆式"课程体系[③]。

在过程要素方面，有学者认为"课程思政"建设需要创新方法载体。武文菲(2019)以建构主义理论的视角提出要运用"情境""协作""会话"和"意义建构"四个要素，结合学校办学特色、围绕时政热点、回应学生困惑、增强教育的实效性[④]。董勇(2018)指出"课程思政"的实践创新要注重由单一化向多学科融入的路径转型、由灌输说教向隐性渗透的方法转型，要注重话语体系重构、内容体系重构以及传播体系重构，实现显性教育和隐性教育相融通、知识传授和价值引领并重。[⑤]

在结果要素层面，学者们认为"课程思政"建设需优化反馈机制。反馈机制的核心在于对教师的绩效考核以及学生的教育效果评价两个方面。针对教师的绩效考核，成桂英(2019)等人认为应该关注"教育目标是否适当、明确具体，教育元素挖掘是否充分到位，'思政'与'专业'是否做到了有机融

---

① 肖香龙，朱珠."大思政"格局下课程思政的探索与实践[J].思想理论教育导刊，2018(10)：133－135.

② 武群堂.试论思想政治理论课教师在学校教师队伍中的引领作用——基于课程思政的视角[J].学校党建与思想教育，2018(11)：70－72.

③ 王海威，王伯承.论高校课程思政的核心要义与实践路径[J].学校党建与思想教育，2018(14)：32－34.

④ 武文菲.建构主义理论视域下高校课程思政实效性探讨[J].高教学刊，2019(06)：155－157.

⑤ 董勇.论从思政课程到课程思政的价值内涵[J].思想政治教育研究，2018，34(05)：90－92.

合，是否具有较强的实效性，是否包括了对错误观点和思潮的批判和抵制，是否具有较高的达成度”六个方面。[①] 针对学生的教育效果评价，陆道坤(2018)认为“评价原则应该坚持过程性评价、定性评价和发展性评价，评价内容应该包括情感、态度和价值观三个方面，评价方法可以采取档案法、关键事件法以及评价表法”。[②]

二、国外研究现状

国外高校也高度重视德育，其理论和实践成果十分丰硕，这里主要梳理美国高校的德育情况。

1. 德育课程

在课程名称上，美国德育课程被称为“社会”课程或“公民”课程，又或是“政治”课程或“民主主义原理”课程，不一而足；在内容设定上，美国德育课程与我国的思想政治理论课程有许多相似之处，不约而同地将重心放在心理教育、价值观教育、法制教育、爱国主义教育、伦理道德教育等各类型的教育上；在实施方法上，美国高校“多采用实践化、渗透式、间接性的形式对大学生进行思想政治教育”[③]。除了通过课堂教学直接教育外，还通过校园活动和社会服务对学生开展渗透式教育。

2. 隐性课程

美国高校十分重视运用隐性课程间接地、自然而然地影响学生思想品德的形成发展。史蒂芬(2013)在研究课程中提出通过教科书中的插图和印刷文字，可潜移默化地将主导群体的价值观念灌进学生的思想中，强化其信仰、阶级意识、文化等方面。他认为这种隐性课程对学生而言可能比官方课程(全国统一课程)更有效，因为教科书是学生文化信息的来源，它既含蓄又

---

① 成桂英，王继平. 教师“课程思政”绩效考核的原则和关注点[J]. 思想理论教育，2019(01)：79－83.

② 陆道坤. 课程思政推行中若干核心问题及解决思路——基于专业课程思政的探讨[J]. 思想理论教育，2018(03)：64－69.

③ 张静. 国外高校思想教育实践教学的模式研究[J]. 前沿，2012(17)：155－156.

明确地提倡了一定的文化价值，且学生认为课本是无误的、有效的。另外，史蒂芬还强调，通过这样的课堂与课程教育，教授给学生他们“可接受的”社会关系、规章制度、价值观等，以便学生树立屈从立场，为统治阶级服务。①

三、未来研究展望

国内外学者对“课程思政”的研究集中展现教育理论研究者的学识高度与育人担当，这些成果为高校继续探索“课程思政”的有效路径提供了基本指导。同时，我们也应清楚地认识到，目前理论界对高校“课程思政”的研究还有待进一步深入与拓展，主要体现在以下几个方面：

从研究主体看，目前学界研究“课程思政”的人员多为高校思想政治理论课教师，研究视野还不够宽广，从而使“课程思政”的实践效果大打折扣。今后的研究应多鼓励和吸纳其他学科的专家学者参与。

从研究方法看，目前对“课程思政”的研究虽百花齐放但也存在着研究方法单一、内容庞杂碎化的问题，无法体现育人体系应有的系统性特征。今后的研究方法应加强宏观和微观、横向和纵向的融合。

从研究内容看，目前的研究缺乏对“课程思政”实践过程中有关核心问题的深层揭示，比如如何在实际操作中确保“课程思政”与各类课程在育人本质上的契合度？如何制定科学的“课程思政”建设标准？如何构建合理的“课程思政”教学评价体系？这些都是学界今后应重点关注的研究领域。

① Stephen R. Adamson Subitle Messages:an Exammination of Diversity in the Illustrations of Secondary Level One French Text books,Pro Quest LLC,2013:20－21.

第二章 “课程思政”的内在意蕴

“课程思政”作为思想政治教育领域中出现的新生事物，还将经历一个漫长的发展过程，而人们对其的认识也将不断深化。因此，研究高职院校中的“课程思政”问题，首先必须梳理好“课程思政”的发展脉络，准确把握其内涵要义，具体分析其内在特点。

第一节 “课程思政”的源起与演进

一、“课程思政”的源起

高校历来十分重视思政教育，也取得了明显的成效，主要体现在以下几个方面：

第一，大学生的思想素质不断提升。多项调查显示，当今大学生的思想状况是积极向上、健康良好的，比如，在定位个人与社会的关系问题上，多数学生主张“正当索取，积极奉献”，在判断人生价值大小时，大部分同学也认为应以个人对社会的贡献为主。第二，大学生的政治立场总体坚定。他们自豪于中国改革开放40多年的瞩目成就，关心国家前途和民族命运，在遭遇意识形态攻击时，绝大部分学生能保持清醒的认识，自觉抵制不良思想的侵蚀。第三，大学生的道德素质得到提高。目前高校社团活动十分丰富，其中的志愿服务、义工活动吸引了广大大学生的积极参与，与此同时，在社会上各种“最美人物”的评选中，高校学生占据了一定比例，这无疑展现了当代大学生甘于奉献、乐于助人的道德修养。

但我们也要认识到，高校思想政治教育工作还有很大的提升空间，其最主要的问题在于“全课程、全员育人”理念没有完全树立起来。在“课程思政”出现之前，传统的思想政治教育一直以高校课程体系中的思想政治理论课为主。由于该课程既与中学阶段的部分教学内容相重叠，也与大学阶段的某些课程内容相重复，很难给学生带来新鲜感，而且抽象的理论知识有时让学生难以理解，也无法带来立竿见影的学习效果，这在很大程度上弱化了学生的参与积极性，降低了思政课程的育人效能。如何打破高校思想政治教育工作的“孤岛化”困境，构建协同育人大格局，使思政教育与专业教学这“两张皮”合二为一，成为我国高等教育急需解决的重大问题。在这一动力的驱使下，“课程思政”应运而生。

二、“课程思政”的演进图式

“课程思政”并不是从无到有，湖南大学罗仲尤教授等人认为这一理念源于我国 21 世纪初开始的全课程育人的课程改革实践，大致经历了以下三个发展阶段：①

（一）初步探索阶段：2004 年—2015 年

自 2004 伊始，中共中央先后发布了两份文件，即《关于进一步加强和改进未成年人思想道德建设的若干意见》与《关于进一步加强和改进大学生思想政治教育的意见》，强调要将思想政治教育（德育工作）摆在首要位置，并贯穿于教育教学的各个环节。自此开启了高校在思想政治教育课程方面的改革之路，实施了许多相关的改革举措。其中，上海市开展的“学科德育”课程改革促进了教育理念的发展变革，其所取得的成效引起了教育部的高度重视。至此，我国开始从国家战略层面规划课程思政的制度设计。

（二）拓展深化阶段：2015 年—2017 年

中共中央宣传部、教育部在 2015 年 7 月发布了《普通高校思想政治理论

① 罗仲尤，段丽，陈辉．高校专业课教师推进课程思政的实践逻辑[J]．思想理论教育导刊，2019(11)：138－143．

课建设体系创新计划》的通知，提出了"坚持思想政治理论课与专业课相结合，注重发挥所有课程的育人功能，所有教师的育人职责"的基本原则，明确指出了专业课的育人功能，强调了所有教师的育人使命。2016 年 12 月，习近平在全国高校思想政治工作会议上进一步指出"使各类课程与思想政治理论课同向同行，形成协同效应"，将全课程育人提到新的高度，并就其他课程与思政课程在育人中的关系和地位提出了具体要求。

（三）形成发展阶段：2017 年至今

中共中央、国务院在 2017 年 2 月发布的文件《关于加强和改进新形势下高校思想政治工作的意见》中指出，要"充分发掘和运用各学科蕴含的思想政治教育资源"。中共教育部党组于 2017 年 12 月发布的《高校思想政治工作质量提升工程实施纲要》也提出相关要求，即"要大力推动以'课程思政'为目标的课堂教学改革"。至此，"课程思政"从其实施主体、实施要求、目标指向等方面进行了具体规定，形成了较为完整的体系。教育部在 2018 年 10 月发布了《关于加快建设高水平本科教育全面提高人才培养能力的意见》，强调要"着力推动高校全面加强课程思政建设""强化每一位教师的立德树人意识，在每一门课程中有机融入思想政治教育元素，推出一批育人效果显著的精品专业课程，打造一批课程思政示范课堂，选树一批课程思政优秀教师，形成专业课教学与思想政治理论课教学紧密结合、同向同行的育人格局"。该文件较为全面地概括和总结了课程思政的各个要素，从课程、课堂、教师、目标各个方面进行了细化，促进课程思政的常态化发展，各高校课程思政实践也广泛展开。中共中央办公厅、国务院办公厅于 2019 年 8 月发布了《关于深化新时代思想政治理论课改革创新的若干意见》，首次以中央文件提出"整体推进高校课程思政"，强调要"推动思政课教师与其他学科专业交流机制"，进一步挖掘各高校门科学类的专业课程中蕴藏的与思想政治教育相关的资源，着力解决思政课与各门类专业课程之间互相配合的问题，形成各类专业课程与思政课程的有机统一，使两者结合焕发别样的风采。文件明确提出："发挥所有课程育人功能，构建全面覆盖、类型丰富、层次递进、相互支撑的课程体系，使各类课程与思政课同向同行，形成协同效应"。文件还提出了“四个一批”的总体建设目标，具体包括“建成一批课程思政示范高校，推出一批课程思政示范课程，选树一批课程思政教学名师和团队，建设一批高校课程思政教学研究示范中心”。

三、上海“学科德育”课程改革历程

上海最初打开思想政治教育课程改革的探索之路是在2004年，中共中央出台了《关于进一步加强和改进大学生思想政治教育的意见》与《关于进一步加强和改进未成年人思想道德建设的若干意见》之后。高德毅教授将这一课程改革归纳为三个阶段，即中小学德育课程建设、大中小德育课程一体化建设以及在前两个阶段基础上开展的“课程思政”探索。①

第一阶段：2005年起，启动实施“两纲教育”，推进以“学科德育”为核心理念的课程改革。

为贯彻落实中央文件精神，2005年，《上海市中小学生生命教育指导纲要》与《上海市学生民族精神教育指导纲要》（以下简称“两纲教育”）相继在上海出台，以整体构建大中小学德育体系。“学科德育”是“两纲教育”的核心理念，旨在将德育贯穿到每一门课程之中，从而使每位教师都承担育人之责，以发挥每门课程的育人功能。为提升德育的实效性，在准确把握各门学科知识特点的基础上，上海市编制了学科德育“实施意见”，逐步修订中小学各学科“课程标准”和“教材内容”，充分挖掘各学科中所蕴含的德育资源，力图实现知识与技能、过程与方法、情感态度价值观的有机统一，从而使社会主义核心价值观有效融入各学段、各学科。

第二阶段：2010年起，承担国家教育体制改革试点项目“整体规划大中小学德育课程”，聚焦大中小学德育课程一体化建设。

在这一阶段，上海市立足于“两纲教育”取得的成效基础，探索形成了以社会主义核心价值观为核心教育指向，以国家意志、公民人格、政治认可、文

① 高德毅，宗爱东．课程思政：有效发挥课堂育人主渠道作用的必然选择[J]．思想理论教育导刊，2017(01)：31－34．

化信心为重点内容，根据各学段的学生特点，开展德育课程一体化设计。

一体化设计主要重视三个方面的工作：首先，强调不同学段之间的“纵向衔接”。以不同学段所开展的德育工作为基础，将高校思想政治理论课建设与中小学课程改革密切结合起来，坚持把有效衔接、分层实施、循序渐进、整体推进作为根本要求，重点解决大中小学德育课程知识简单重复、层次递进不明、与学生身心发展匹配度不够等问题。其次，着眼于第一课堂、第二课堂以及网络空间之间的“横向贯通”。充分利用第一课堂这一主渠道，发挥课堂教学价值引领主导作用；加强第二课堂的活动设计，实现文化育人、实践育人；打造风朗气清、安全健康的网络空间，实现德育的“润物细无声”。最后，构建家庭、学校、社会“三位一体”育人体系。加强家庭教育的基础作用，发挥学校教育的主导优势，挖掘社会教育的育人功能，从而形成育人合力。

第三阶段：2014 年起，将德育纳入教育综合改革重要项目，逐步探索从思政课程到课程思政的转变。

2014 年，上海市委、市政府印发《上海市教育综合改革方案（2014—2020 年）》。上海教育综合改革的基础目标，总的来说就是构建三大制度体系：一是将育人作为出发点和落脚点，回到育人本质，遵循教育规律，形成助力学生德智体美各方面综合发展与终身发展的育人体制；二是加快政府职能转变，加强顶层设计，形成科学分工而又和谐统一的“管办评”体系；三是加强资源共享，促进融合互补，形成教育与经济社会发展合作共赢的协同联动制度体系。这三个目标体系强调将培育和践行社会主义核心价值观融入教育教学全过程，体现了“育人为本、德育为先”的教育理念，是对“立德树人”这一教育根本任务的基本遵循。

在这一阶段，上海市逐步形成了“课程思政”理念。从高校“育人”本质出发，结合各学校的历史文化底蕴和学科专业特点，推出“治国理政”“读懂中国”“中国道路”等一批“中国系列”课程，这种多学科支撑、优师资投入、接地气设计的课程，深受广大学生的追捧。与此同时，走出就“思政课”谈“思政课”建设的传统圈子，上海积极选取部分高校试点，发掘专业课程中的思想政治教育资源，努力将思想政治之“盐”溶入学校教育之“汤”。上海市“课程思政”的实践探索和经验，无疑对高校思政工作的改革创新具有重要的启示作用。

第二节 “课程思政”的内涵

自2014年“课程思政”提出以来，迅速成为了学界关注的焦点，随着人们对这一问题的理论研究与实践探索的不断深入，目前“课程思政”已经成为新时代高校课程改革与思想政治工作的新生长点。因此，研究和分析“课程思政”的概念、内涵要义以及内在机理，有助于推进高校教育教学改革，推动高校“课程思政”建设落地生根。

一、概念辨析

“课程思政”一词从字面上看，是由“思政”与“课程”两部分组合而成，前者是中心词，后者是修饰语。

何谓“课程”？“课程”这个词最早出现在我国古代的唐宋时期。唐初十八学士之一的孔颖达在为“奕奕寝庙，君子作之”(《诗经·小雅·巧言》)这句话作疏时曾经提道：“以教护课程，必君子监之，乃得依法制也。”此处“课程”近乎教育的内涵。儒学集大成者朱熹曾经不止一次在《朱子全书·论学》中提到“课程”一词，比如说“小立课程，大作功夫”“宽着期限，紧着课程”等，此处的“课程”意指学习功课及其进程，更强调学习内容的安排次序以及规定等，虽未涉及教学方面的要求，但与现今的含义较为接近。在西方，“课程”(Curriculum)这个词汇最早出现在英国教育家斯宾塞(H. Spencer)于1859年完成的《什么知识最有价值?》一书中，意指“跑道”(Race-course)，即学习的进程。而在《中国大百科全书》中又对“课程”作出了广义与狭义的区分。广义的“课程”指的是全部学科(教学科目)之和，或者指学生在教师的教育引导下开展的各类活动之总和；但从狭义上讲，“课程”就只是特指某一门特定的学科科目。从理论上来看的话，由学校开设的课程，不仅包含实践课程，还包含理论课程，不仅包括显性课程，还包括隐性课程。目前，我国高校课程则分为思想政治理论课、专业课和通识课三大类。但当“课程”一词与“思政”相连时，则意指在各类课程教学中渗透思想政治教育。

何谓“思政”？“思政”一词最早出现在我国汉代。东汉哲学家王充在《论衡·感类》中提及：“太戊思政，桑谷消亡。”《隋书·循吏传·柳俭》中亦有云：“时高祖初有天下，励精思政，妙简良能，出为宰牧。”此时的“思政”意指思行善政，与我们今天所说的意思相去甚远。现如今，“思政”一词有两种含义：一是对“思想政治”的简称，比如将“思想政治工作”称为“思政工作”，将“思想政治课程”称为“思政课程”等；二是对“思想政治教育”的简称，比如将“思想政治教育活动”称为“思政活动”，将“思想政治教育专业”称为“思政专业”等。但“思政”一词与“课程”组成“课程思政”时，则取第二重含义，专指“思想政治教育”这一实践活动。

综合上述内容，“课程思政”的含义可大致理解为：借助各类课程（包括理论课程与实践课程、显性课程与隐性课程）而开展的思想政治教育实践活动。正如前文所言，我国高校的课程设置共三大类，其中思想政治理论课是对大学生进行思想政治教育的主渠道，具有主导作用。因此，若结合高校的课程分类及其根本任务，“课程思政”的含义可进一步理解为：通过挖掘专业课和通识课中所蕴含的德育资源，将思想政治教育融入其中，以实现学科专业知识传授、人文科学精神塑造、品行操守培育的有机统一，从而构建全员、全程、全课程育人格局，有效落实“立德树人”根本任务。

二、内涵要义

（一）立德树人是“课程思政”的价值本源

价值问题是开展“课程思政”的根本性、本源性问题，它关乎着“课程思政”的最终成效。对这一问题的回答，可从以下两个角度加以解读：

从词源组成上看，“课程思政”由“课程”和“思政”构成，而这两个词语皆体现了育人的本质。一方面，“育人”是课程教学的重要目的。近现代教育家戴伯韬指出，课程是学校教育的基础，“课程的功能不仅仅在于知识体系向教学体系的转化，更重要的是在育人体系上，要注重将其落实为培养人的蓝图。”①由此可见，在课程教学中，专业知识传授仅是教学的目的之一，更为重要的是让学生明事理、晓正途，让其所习得的知识与技能为国家和人民服务。此为课程的初衷与真谛。另一方面，“育人”是思想政治教育的最终归属。“思想政治教育是做人的工作，解决的是‘培养什么样的人’‘如何培养人’的问题，是我们党和国家的优良传统和各项工作的生命线。”②我国历来重视对青年学生进行思想政治教育，并探索形成了一系列的教育方针、原则，其最终目的是培养合格的社会主义接班人和堪当民族复兴大任的时代新人。而“课程思政”强调将思想政治教育融入各类课程教学，在知识传授的过程中加强对学生世界观、人生观、价值观的引导，帮助学生树立正确的民族观与国家观，是我国人才培养中育人本体价值的彰显。另外，从源起过程来看，“课程思政”是打破高校思想政治教育“孤岛化”困境，构建全员、全课程、全方位育人格局的产物。因此，从它提出以来，便一直以提升高校立德树人的实效性为根本遵循与终极旨要。

（二）协同育人是“课程思政”的实行理念

“课程思政”之所以提出，是为了让各门课程“守好一段渠，种好责任田”，保持与思想政治理论课的同向同行，形成协同效应。因此，协同育人是贯穿“课程思政”建设始终的实行理念。

为国家发展和民族复兴凝聚人才、培育人才以及输送人才，是衡量中国特色社会主义高校教育水平的重要指标。为了实现人才培养目标，我国各类高校多方统筹，综合规划，但依然存在着重智轻德的现象。更准确地讲，目前虽然有越来越多的高校认识到了德育的重要性，也正在摸索行动路向，但此项工作的实效性仍有着很大的提升空间，而高校的人才培养重心依旧倾向于智育。从学校层面看，目前的德育工作主要以思想政治理论课课堂教学为主，虽结合各校特色及互联网技术开创了许多德育的新形式、新方法，但其具体育人效果还有待观望。从高校具体的德育人员看，主体主要是

① 李庆丰.大学教学改革应重视对课程知识选择的研究[J].复旦教育论坛，2008(03)：27—31.

② 王学检.现代思想政治教育前沿问题研究[M].北京：人民出版社，2008：124.

思想政治理论课教师、辅导员、班主任等，这些群体只占高校所有职工人员的较小比例，仅靠这一小部分人肩负德育使命显然是不够的，需要扩大德育主体。“课程思政”建设所践行的，正是让所有教师群体承担育人，尤其是德育重任，让所有课程都浸润思想政治教育，从而使高校德育工作的主渠道由思政课程育人转向全课程育人。著名教育家陶行知曾说：“先生不应该专教书，他的责任是教人做人；学生不应该专读书，他的责任是学习人生之道。”[①]所谓教书育人，正是要求教师在传授专业知识的同时，坚持育人为本、德育为先，引导学生坚持正确的世界观、人生观和价值观，这既是教师的教育初心与教育使命，也是课程教学应遵循的前提基础。“课程思政”依托各专业课和通识课，要求各类教师回归育人本源，聚焦育人价值，正确处理知识传授与价值引领的关系，立足“立德树人”价值同心圆，实现协同育人。

（三）显隐结合是“课程思政”的教学方法

推动“课程思政”建设落地生根，实现知识传授、价值塑造与能力培养的多元统一，需要制定科学的行动方案。其中，坚持显性教育与隐性教育的有机结合，是助力“课程思政”育人蓝图实现的最佳教学方法。

高校作为新时期意识形态工作的前沿阵地，越来越重视学生的思想政治教育工作，其主要方法是抓住思想政治理论课这一显性课程，抓住思想政治工作队伍这一显性教育主体，而其他的隐性教育方法还未得到应有的重视。就总体而言，我国绝大多数青年学生的三观是积极向上的，但面对越来越复杂的社会环境，学生的思想政治教育工作也面临严峻挑战。如何让青年学生在多元、开放的世界中坚定认同马克思主义理论，自觉践行社会主义核心价值观，仅依托显性教育手段显然是不够的。“课程思政”作为新的德育方案，需吸取经验教训，坚持显性教育与隐性教育的有机结合。在学校层面，调整教学体系、教材体系、学科体系和管理体系，实现各类课程培养与思想政治教育导向的有机融合，让思想政治教育像盐溶于水，无形无色却又无处不在。在教师层面，一方面，专业课、通识课教师要充分挖掘课程中蕴含

① 陶行知. 行知书信集[M]. 合肥：安徽人民出版社，1983.

的德育资源，寻求思想政治教育与专业教育的契合点，对学生进行显性教育。比如，工匠精神培育是德育与智育融合的最佳范式，它脱胎于技能型学科教育，又不隶属于思想政治教育的范畴，却贯穿于一名技能型学生教育教学的全过程。另一方面，教师要密切关注，当学生对当前际遇有所困惑时，要积极作为，探索实质性的介入方式，有意识地回应学生的问题与困惑，从而触及他们认识与实践的隐性根源。

（四）科学创新是“课程思政”的工作思维

在社会大变革、文化大繁荣的时代，只有树立科学创新思维，才能从容应对层出不穷的困境与挑战。“课程思政”作为国家酝酿已久的教育教学改革方案，所展现的科学与创新的工作思维，能有效提升青年学生的思想政治素质，推进高校落实“立德树人”根本任务。

2016 年，在全国高校思想政治工作会议上，习近平总书记明确提出了提高学生思想政治素质的要求，即教育引导学生正确认识世界和中国发展大势，正确认识中国特色和国际比较，正确认识时代责任和历史使命，正确认识远大抱负和脚踏实地。实现这“四个正确认识”，核心要义在于引导学生学会用马克思主义的立场、观点和方法分析和解决问题，区分事物的现象与本质，实现理论与实践的紧密结合。对于“课程思政”而言，它首先展现了一种科学思维。“课程思政”将教书育人规律与思想政治工作规律结合起来，把立德树人内化到各类课程的教学环节中，使思想政治教育贯穿每一个课堂，实现“引大道”与“启大智”的有机融合。与此同时，它强调要用辩证唯物主义和历史唯物主义的思维方式看待事物，这在当前中西方意识形态激烈交锋的背景下，能帮助学生筑牢思想防线，自觉抵制各种错误思潮与错误言论。其次，“课程思政”也展现了一种创新思维。在除思想政治理论课以外的其他课程中实施思想政治教育，这是以前从未关注的问题。作为一个新生事物，“课程思政”的前途是光明的，但发展道路又是曲折的。因此，在建设的具体过程中，需要坚持创新思维，从而催生新思路，探索新方法，解决新问题，实现新发展。

三、内在机理

实施“课程思政”建设是新时代提升高校思想政治工作有效性的必然选择。作为一种新的育人理念，它的形成具有深厚的历史文化积淀。

（一）中华优秀传统文化的涵润与延展

党的十九大报告指出：“文化是一个国家、一个民族的灵魂。”中华传统文化，是中华民族五千多年历史积累、沉淀而成的各种文化思想、精神观念的总体，既以经典文献、民间工艺、衣冠服饰等物化的文化实体得以存在和延续，又以价值信仰、伦理道德、风俗习惯等意识形态而广为流传。其中，优秀传统文化是中华民族历久弥新的精神财富，是中国人民的骨气和底气，也是建设共有精神家园的重要支撑。

中华优秀传统文化是思想政治教育的重要源泉，其所内含的爱国情怀、意志品质、人生追求、道德理念为“课程思政”建设提供了育人与育德的最佳结合点。第一，深厚的爱国情怀。在传统文化中，不论是曹植“捐躯赴国难，视死忽如归”的铿锵之言，还是文天祥“人生自古谁无死，留取丹青照汗青”的决然之语，抑或是谭嗣同“我自横刀向天笑，去留肝胆两昆仑”的泣血之歌，皆表明了中华民族历经数千年而不灭的爱国情怀。十八大以来，习总书记在不同场合多次强调要将爱国主义教育作为永恒主题，而传统文化中所蕴含的爱国情感则可以成为高校引导大学生弘扬爱国主义精神的切入点。第二，坚强的意志品质。如“穷且益坚，不坠青云之志”的昂扬向上，“富贵不能淫，贫贱不能移，威武不能屈”的原则坚守，“粉身碎骨浑不怕，要留清白在人间”的铁血丹心等等，这些表达古人气节的经典概括都能帮助大学生淬炼心智、磨炼意志、增强定力。第三，远大的人生追求。如“修身、齐家、治国、平天下”的入世哲学，“先天下之忧而忧，后天下之乐而乐”的高尚情操，“鞠躬尽瘁，死而后已”的无私襟怀，“天下兴亡，匹夫有责”的使命担当等，这些优良传统都有助于高校的理想信念教育，帮助大学生塑造理想人格。第四，崇高的道德理念。中国自古以来就十分重视伦理道德教育，如儒家的“仁、义、礼、智、信”“温、良、恭、俭、让”思想，道家“无为而治”的价值哲学与“超善恶”的道德理论，墨家“兼相爱、交相利”的交往准则等，这些都有助于高校开展“三观”教育和公民道德教育，规范大学生行为。

作为中华优秀传统文化的延续与扩展，“课程思政”承继了其中的思想精髓与教育理念，将育人与育德有机结合，突出价值导向，反映了“以人为本”“以文化人”的精神，为加强青年学生的中国特色社会主义文化自信提供了实现场域。

（二）革命文化的价值指引

革命文化，是中国一种特殊的文化现象，产生于中国共产党领导人民进行伟大斗争的革命实践。革命文化于五四运动、新文化运动时期起源，于新民主主义革命时期形成，于社会主义革命与建设以及改革开放时期丰富发展。根据不同时期的不同要求，革命文化被赋予了更加丰富的内涵和表现形式，比如说井冈山精神、延安精神、红船精神、长征精神、西柏坡精神等。但总体而言，革命文化坚持以马克思主义为指导，以“革命”为精神内核和价值取向，是广大人民群众和中国共产党人优秀传统和品格风尚的统一表现，是中国革命时期的精神留存，是助力中华民族伟大复兴的强大动力。[①]

革命文化彰显了中国共产党人的奋斗与奉献精神，蕴含着丰富的思政育人价值，为“课程思政”建设提供了正确的价值导向。革命文化的理论基础是马克思主义，是马克思主义中国化的产物，其所包含的“革命”内核、人民情怀以及艰苦奋斗精神，不仅指引着中华儿女为推动党的事业向前发展而不断前仆后继，也为当代青年学生凝练了更为清晰的价值导向。新时代的青年学生成长于和平年代，没有经历过革命时期的战火硝烟，没有经历过建设时期的一穷二白，也没有经历过改革时期的风起云涌，他们无法领略革命文化的魅力，难以理解革命文化的内涵与精髓。随着生活水平的不断提升以及物质供给的不断满足，绝大部分学生都在不愁吃、不愁穿的生活环境下，过着衣来伸手、饭来张口的富足生活，这也导致其中一部分学生滋生了

① 刘露遥．革命文化融入思想政治理论课新论[J]．长春工程学院学报（社会科学版），2019，20(04)：14－16，20．

不劳而获、贪图享受、爱慕虚荣的不良思想，严重缺乏吃苦耐劳和不畏艰险的精神品质。长此以往，将不利于青年学生的成长成才，也必将影响我国的民族复兴大业。革命文化形成于“血与火”的艰辛岁月，淬炼于无数革命英雄的浴血拼搏和无私奉献，彰显了中国共产党人的价值标准与理想信念，代表着社会主义文化的正确价值导向，是新时代青年养成蓬勃朝气和浩然正气所不可或缺的精神养料。

高校实施“课程思政”建设，其根本目的在于实现对学生的价值引领，树立文化自信，从而为经济建设、国家发展增添精神动力。革命文化所凝练的价值方向，符合社会的价值需求，为高校“课程”思政建设提供了正确的价值指引。

（三）社会主义先进文化的当代表达

社会主义先进文化，植根于中华优秀传统文化、革命文化，形成和发展于党领导人民进行的伟大探索实践，是人类文明的智慧结晶，也代表着我国未来文化的发展方向。社会主义先进文化，是以马克思主义为指导，以社会主义核心价值观为灵魂，以培养有理想、有道德、有文化、有纪律的公民为目标，面向现代化、面向世界、面向未来的，民族的科学的大众的社会主义文化。当下，中国特色社会主义进入新时代，发挥社会主义先进文化的凝聚力与引领力，实现文化自觉、文化自信到文化自强的伟大跨越，是高校思想政治工作中应当包含的义理。

社会主义先进文化作为我国意识形态建设的重要内容，为青年学生的思想引导和教育过程框定价值边界。作为服务于中国特色社会主义伟大实践的社会主义大学，帮助学生树立正确的“三观”，以及培育和践行社会主义核心价值观，符合中国人民和中华民族的整体利益和价值诉求，体现了高校的育人价值导向。但就目前高校的思想建设现状而言，多是通过思想政治理论课这一主渠道，从理论教育、课堂教学等层面进行直接的理论灌输。社会主义先进文化作为上层建筑中的意识形态范畴，是中华优秀传统文化、革命文化和时代精神的高度统一，是中国特色社会主义文化的集中体现，它能从隐性教育层面实现对青年学生的影响，确保学生世界观、人生观、价值观的发展方向。与此同时，在社会主义先进文化的指导下，能帮助学生构建科学的文化观，既顺应文化多样性的发展潮流，尊重差异、开放包容，又牢牢把握马克思主义在意识形态领域的主导地位。

高校实施“课程思政”建设，就是通过价值引导，使青年学生坚定对马克思主义的信仰，坚定对中国特色社会主义的价值认同，自觉将社会主义先进文化思想内化，成为新时代建设者和接班人的精神动力和思想引领。①

第三节 “课程思政”的特点

“课程思政”作为一种新的教育观、课程观有着诸多特点，对于这些特点的把握能帮助我们从认识层面更好地理解什么是“课程思政”，从而在实践层面更有效地推进“课程思政”建设。本节将从不同角度对“课程思政”的特点加以诠释。

一、“三全育人”视域下“课程思政”的特点

中共中央、国务院《关于加强和改进新形势下高校思想政治工作的意见》提出，高校要把立德树人作为根本任务，融入思想道德教育、文化知识教育、社会实践教育各环节，把思想政治工作贯穿教育教学全过程，把思想引领贯穿教育教学全过程和各环节，坚持全员全过程全方位育人。“课程思政”作为加强和改进高校思想政治工作的新思路和新方法，是实现“三全育人”的重要途径。在“三全育人”视域下，“课程思政”有如下特点：

（一）合作性

“课程思政”强调不同教学主体共同承担思想政治教育育人职责，加强通力合作，实现全员育人。

“教书”和“育人”是教师的职责所在，两者是一个不可分割的有机整体。前者要求教师对学生进行知识传授和技能培训，后者则要求教师对学生进行思想道德培养和价值观念引领。正是因为教师肩负着这双重职责，才有

① 敖祖辉，王瑶. 高校“课程思政”的价值内核及其实践路径选择研究[J]. 黑龙江高教研究，2019，37(03)：128－132.

了“人类灵魂工程师”的美誉。但是纵观高校的思想政治工作现状，对学生进行价值引领，开展思想政治教育，履行育人职责的重任多由思想政治理论课教师承担，其他课程教师则专注于提升“教书”技能，“育人”功能发挥不足。思想政治理论课是高校思想政治教育的主要渠道，但并不是唯一渠道，同样，思政教师是发挥育人功能的关键主体，但并不是唯一主体。在“课程思政”的视野下，每一位教师都是育人主体，都肩负育人职责，都应自觉承担对学生进行思想政治教育的责任。只有加强不同教学主体之间的通力合作，实现彼此协调、同向同行，才能在价值多元的复杂社会环境下，引导学生坚守主流意识形态阵地。

“课程思政”，就是在坚持思政课程作为教学主渠道、思政课教师承担主要育人职责的前提下，更加强调专业课及其他课程教师育人的职责。[①] 而且，相较于思政课程，专业课或其他课程开展思想政治教育有不少优势。从时间安排上看，高校思政课程多安排在大学一、二年级，而专业课则贯穿整个大学阶段，连贯而充裕的教学时间如果加以利用，能较大程度提升育人效果。从内容设置上看，专业课及其他课程种类繁多，主题多样，不具有那么明显而又强烈的意识形态性，在知识学习和实践锻炼中进行思想政治教育，更能为学生所理解与接受，这种渗透性、隐蔽性的特征能够起到潜移默化、润物无声的效果。因此，构建不同教学主体共同担责的全员育人环境，是“课程思政”的一个重要特征。

（二）整合性

“课程思政”强调各类课程资源共同挖掘思想政治教育因素，加强有效整合，实现全方位育人。

我国高校思想政治理论课主要依托马克思主义理论学科，是学生系统接受马克思主义理论教育的主要渠道。但是，作为众多课程中的一个门类，思政课并不是高校思想政治教育的唯一渠道。它所具有的强政治性和强意

① 庄梅兰.构建同心圆式高校课程思政教学体系[J].河南工业大学学报(社会科学版),2018,14(04):85－91.

识形态性，往往给人一种"空中楼阁"的印象，这对深受实用主义、功利主义思潮影响，渴望看到立竿见影效果的大学生而言，容易产生先入为主的排斥心理。而且，由于大学生已具备一定的理性思维能力，在思潮纷繁复杂的社会环境下，他们不再简单地、被动地接受某种价值观念，只有在认同其科学性、真理性的前提下，才能予以接受，并转化为内心的秩序加以遵守。与此同时，马克思主义理论是一门多学科融合发展、具有高包容性和强整体性的学科，能够从其他学科（如人文科学、社会科学、自然科学）中汲取养分，以夯实自身的知识基础。因此，通过"课程思政"建设，整合各类课程的思想政治教育资源，构建全方位育人体系，具有必然性，也兼具可行性。

别的学科，尤其是属于哲学社会科学的课程，其中同样蕴藏着充足的思想政治教育资源，不过大多以不容易被发现的，带有渗透性和隐藏性的形式存在于之中。[①] 这些课程能够从不同角度，帮助学生理解马克思主义理论，确认其真理性，这对大学生接受和认同在思政课上所学知识具有重要意义。同样地，其他课程的任课教师也会对学生产生一定程度的影响。在教学过程中，他们所传递出来的世界观、人生观、价值观以及思想道德素质等，存在着强化或削弱学生在思政课上所学知识的可能。所以，"课程思政"强调，各类课程都要"守好一段渠，种好责任田"，形成协同育人效应。

（三）衔接性

"课程思政"强调各个教学阶段一并进行思想政治教育，形成无缝衔接，实现全过程育人。

一个人思想观念的形成以及道德品质的培养是一个长期过程，需要持续不断的加以引导与教化。习近平总书记曾在学校思想政治理论课教师座谈会提出，青少年阶段是人生的"拔节孕穗期"，最是应该精心培育和引领。处于这一时期的青年人，世界观、人生观、价值观正处于打底塑形的关键时刻，在这紧要关头，思想政治理论课是帮助学生补钙壮骨、固本培元的人生必修课，只有扣好第一粒扣子，人生才能节节壮、步步高。我国大学生思想

① 白显良．隐性思想政治教育基本理论研究[M]．北京：人民出版社，2013.

政治理论课的学习主要集中在大一、大二阶段，但是课程的结束并不意味着教育的终止，因为学生在不同的阶段会面临不同的思想困惑。比如，新生入学阶段会遭遇适应新环境、处理人际关系的难题，而到了大三、大四，则会产生毕业去向、职业选择的迷茫。因此，仅靠一门课程加以教育和引导显然是不够的。“课程思政”强调在学生步入大学校园到毕业离校所经历的每一个节点、每一个环节，都进行思想政治教育。针对大学生不同阶段的生活实际和思想特点，有目的、有计划地将思想政治教育渗透到各门课程的教学之中，从而实现各个教学阶段的无缝衔接，实现全过程育人。

二、心理学视域下“课程思政”的特点

思想政治教育不是一个简单的教育项目，而是一项全程育人、全员育人甚至全方位育人的系统化教育工程。从心理学层面上看，“课程思政”既符合心理学的基本原理，又契合大学生的心理发展逻辑。从无意识心理作用、有意识心理作用和情境互动心理作用加以分析考察，“课程思政”有着不同的特点。

（一）潜隐性

心理学研究表明，人的意识由有意识和无意识构成，人的心理活动是两者的统一体。有意识和无意识是相互依存、相互制约、相互转化的，无意识是意识不可或缺的一部分。如果用心理学中的意识作用来考察高校思想政治教育，则会发现传统的思想政治教育十分重视有意识的教学引导（比如针对课程标准中规定的知识点、能力点，精心规划教学设计，力求学生完美掌握），但对无意识作用重视不够，利用不足。因此，传统的思想政治教育，存在着互动性交往贫乏、情感性感受有余、认知性引导不够、实效性成果有憾等短板。① 从心理学领域来说，思想政治教育的过程不仅应当重视有意识心理作用，还应该重视无意识心理的相关作用，才能做到教育的全面性，既要强调晓之以理、动之以情的有意识教育，也要强调体验、感染、认同等无意识教育。在习总书记关于思想政治工作的一些论断中，就有强调无意识心理

---

① 沈贵鹏.心理学视域中泛课程思政的特点诠释[J].思想理论教育，2018(09)：66—71.

作用的重要性。比如，在培育和践行社会主义核心价值观的问题上，习总书记指出“要做到春风化雨，润物无声”[①]，“要使核心价值观的影响像空气一样无所不在、无时不有”[②]。“课程思政”作为一种走出传统思想政治教育老路子的新思路、新方法，基于无意识心理作用分析，它具有潜隐性特点，具体表现在以下几个方面：

第一，“课程思政”的目的注重内隐性。目的性是任何一种教育都必须明确的首要问题，思想政治教育也不外如此。教育目的既可以通过循循善诱式引导或精心设计教学活动等显性方式加以实现，也可以通过把握思想政治教育规律、了解学生身心特点、控制思想政治教育过程等隐含方式加以潜藏。美国著名教育家曾提出，“教育的过程，在它自身以外没有目的，它就是它自己的目的”[③]，即“教育无目的论”。在这里，无目的并非否定教育的目的性，只是杜威反对外在强加的目的，主张内在生成的目的。而无意识心理作用的原理表明，强势的目的性、权威性往往容易导致学生产生逆反心理，从而削弱育人效果。反之，如果将目的性潜藏在教育过程之中，发挥无意识心理作用的感染、认同作用，更容易产生实质性的效果。“课程思政”就是强调将思想政治教育渗透到各类课程教学中，实现春风化雨、润物无声。

第二，“课程思政”的过程崇尚自然性。任何教育都需经过“人为设计”才能实现预期目标，尽可能实现教育目的。但无意识心理作用的原理表明，教育过程中的“人为设计”必须兼顾其“自然性”，即教学规律以及受教者的身心特点，只有通过这种“刚柔并济”的教学方式，才能使教育流程顺畅自然，为学生所认同与接受。就目前而言，我国高校的思想政治教育多注重“刚性施教”，强调知识讲解与理性分析，对教育过程中“自然性”的关注度不够。如何将知识固着在学生的情感基础之上，实现情知互补、情知合一，是思想政治教育需要攻克的难题。与传统方式相比，“课程思政”崇尚无意识状态下的“无痕教育”，注重在知识传授、技能培训过程中“自然塑造”学生的

① 中共中央宣传部.习近平总书记系列重要讲话读本[M].北京：学习出版社，2016：190.

② 中共中央宣传部.习近平总书记系列重要讲话读本[M].北京：学习出版社，2016：192.

③ 〔美〕约翰·杜威.民主主义与教育[M].王承绪译.北京：人民教育出版社，1990：54.

世界观、人生观和价值观，这一“柔性施教”方式能产生稳定、深刻的育人效果，此乃“刚性施教”大背景下的有力补充。

（二）融合性

前文提到，“课程思政”注重将思想政治教育内隐到各类课程教学之中，在无意识心理作用的驱动下，实现“无痕教育”。而这一目标的实现，首先需要有意识心理作用的发挥，即专业课、通识课教师必须对任教课程进行有意识地设计，巧妙地把思想政治教育的相关内容渗透进课程教学当中。这种融合可以用教育心理学家克伯屈（W. H. Kilpatrick）论述的“伴随学习”加以说明。克伯屈把学习划分为三大类，分别是主学习、副学习和伴随学习：主学习是指学习各类学科专业的基础知识和技能；而副学习也被称之为“副启示”，说的是与主学习有关的思想和理念；伴随学习则与概括化的理性认识及态度有关，如做人的态度、对待他人的态度。这三者融合在同一学习过程中。[①] 这一论述表明，任何学习既是获得知识与技能的过程，也是滋养情感、态度和价值观的过程。其中的“伴随学习”，正是专业课、通识课融合思想政治教育的核心要义。基于有意识心理作用分析，“课程思政”具有融合性特点，具体表现在以下几个方面：

第一，专业性课程教育教学目标和思想政治教育的有机融合。美国教育学家布卢姆早在20世纪50年代就提出了教育目标分类学的相关内容，在动作技能、情感、认知这三方面进行探索和研究，最终得到所有课程的教育目标皆为行、情、知这三元素交融的结果。这一教育目标的分类划定，并不是简单地固定一套教学程序与教学方法，相反，教师可以自由设计与每一级教学目标相关的子目标。当然，高校专业课程教学目标的设定也不能单纯地套用教育目标分类学方法，而需要深入研究课程教学目标的三大序列，即逻辑序列、心理序列和价值序列。逻辑序列是课程的科学属性，反映课程在学理上的规定性；心理序列是课程的心理属性，反映课程与学生心理特征和心理期待的吻合度；价值序列是课程的价值属性，反映课程的理论与实践意

① 〔美〕威廉·H. 克伯屈. 教学方法原理[M]. 王建新译. 北京：人民教育出版社，1991：87.

义。这三大序列相互关联，由此构成一个具有严密理论体系的课程教学目标。“课程思政”建设首先要求思想政治教育与专业课程在教学目标上实现有机融合，而三大序列就是两者融合的有力抓手。逻辑序列要求思想政治教育在融合过程中遵守专业课程的科学规律，是“课程思政”的科学基础；心理序列要求思想政治教育在融合中把握不同专业学生的心理特点和心理期待，是“课程思政”的心理基础；价值序列则要求两者的融合体现社会主义核心价值观的要求，是“课程思政”的本质属性。三者相互配合，形成融合性专业课程思政目标体系。

第二，专业课程教学过程与思想政治教育的有机融合。教学过程是将“课程思政”落到实处的中心环节，它关乎着预设的融合性教学目标能否得以实现，以及传递的价值理念能否真正让学生入脑入心的问题。在传统的教学方式中，专业课程教学多注重知识性教学，即强调知识的“授受”过程，教师是主动者，学生是被动者，这种单向模式忽略了学生情感、态度和价值观的建构，削弱了育人效果。人本主义课程论表明，教育目的应同受教育者的生长、整合和自主等观念联系在一起，为了达成这一教育目标，应进行“合成课程”的教学设计。“合成课程的精义是情感领域（情绪、态度、价值）与认知领域（理智的知识和能力）的整合，情感方面的因素是增添到课程中去的，从而赋予学习内容以一种个人的意义。”①这一观点与“课程思政”的实行理念达成契合。“课程思政”强调在各类专业课程的教学过程中，除传授专业知识外，还需要培养学生对自己、对他人、对社会、对生活的正确态度，引导其树立正确的世界观、人生观、价值观，以及形成辩证科学的思维方式。

第三，专业课程教学方法与思想政治教育的有机融合。如果说教学过程是实现“课程思政”的中心环节，那么，教学方法的设计则是教学过程能否具有教育性的“重中之重”。开展“课程思政”建设，要求专业课及其他课程教师通过艺术性的教学方法设计，将思想政治教育与课程教学有机融合起来，这不仅是实行“课程思政”需要重点注意的，而且是有一定难度的。由于

① 〔美〕约翰·D. 麦克尼尔. 课程导论[M]. 施良方译. 沈阳：辽宁教育出版社，1990：9—10.

各类课程的性质、特点、目标等各不相同,教师在融合思想政治教育时也就会面临不同的操作难题。有的需要在教学内容上下功夫,有的需要探究情感体验的融合渠道,有的需要注重思维方式的融合性,诸如此类。但不管采取哪种教学方式,"课程思政"的核心在于赋予一般的知识教育课程思想政治教育的功能,以实现对学生的价值引领。

(三)系统性

系统是指事物之间相互联系、相互影响、相互作用而构成的一个有机整体,而系统性是物质世界与精神世界的常规属性。传统的思想政治教育之所以实质性效果不佳,原因之一就在于缺乏系统性。各类教育主体、各类课程常常单打独斗、各自为战,家庭、学校、社会这些教育力量常常错位,无法实现有效衔接,因此,以往的思想政治教育"孤岛化"现象严重。破解这一难题,就需要注重系统筹划,使社会主义核心价值观真正入脑入心。心理学研究表明,人的心理受内外两个系统影响。对内,人的心理由认识、情感、意志以及个性倾向、个性心理特征等构成完整系统;对外,人的心理系统又与周围的物质环境、精神环境相互作用构成更加复杂的情景系统。系统内部和系统之间相互影响、相互制约,从而影响着个体的发展。就"课程思政"而言,也必须注重系统性,关注自然环境、社会环境、心理环境等对学生的影响,从整体出发,汇聚各方力量,实现综合育人、协同育人。基于情境互动心理作用分析,"课程思政"具有系统性特点,具体体现在以下几个方面:

第一,物质情境的建构蕴含思想政治教育。情境中的"情"表示的是一种主观感受,"境"则代表客观环境,因此,物质情境中包含着人的心理系统与客观环境的交互作用,正是这种作用拓展了"课程思政"的育人空间。高职院校作为教书育人的场所,除教师和书籍打造的精神世界外,校园内广阔的物质空间也承载着一定的育人价值。一个单个的物体似乎并不能表达完整的物质文化内涵,但人对它的知觉过程往往是从周围环境的整体性中来加以把握的,所以,构筑一个系统完整的物质情境能更好地实现"课程思政"的效能。借用心理学家库尔特·勒温的拓扑心理学原理,心理事件不仅取决于个体的状态,还受到环境的影响,因此,所有的科学心理学一定要立足于整个情境，考虑环境与个体两方面的状况。[①] 对于高职院校中的物质环境要素，可以进行教育构思与打磨，使其在承载一定审美内涵的基础上也赋予特定的价值内涵，或象征某种精神，或启迪某种智慧，然后通过学生心理与物质环境之间的互动，使他们的内心世界产生积极变化，由此以一种间接的、内隐的方式达成“课程思政”的目标。

第二，人际情境的互动助推思想政治教育。相较于主客体之间的情境互动，主体之间的人际互动更能营造“以人教人”的育人氛围。人际情境指的是人与人之间相互作用而构成的一种情境系统，高职院校中的人际情境主要有师生互动情境和生生互动情境两大类。实施“课程思政”，需要借助人际情境的互动作用，其所带来的育人效能是以书本为中心的课程教学所无法实现的。在师生互动情境中，“沟通-对话”模式远比“居高临下式”说教更能实现心与心的融通，这也符合大学生的知识水平、思维方式和心理成熟程度；在生生互动情境中，良好的生活交往、学习互助、课堂交流等，往往能产生比师生互动更大的教育影响。因此，对人际互动情境进行系统性、科学性设计，能够助推“课程思政”建设。

第三，精神情境的营造彰显思想政治教育。大学既是一个物质实体，也是一个精神实体，每一所大学都有各自独特的精神文化生成机制。大学精神或附着于校内的各种精神载体上，或彰显于行为主体的交流互动中，凝结着民族精神与价值理念，以此形成的强大精神场域能为“课程思政”营造育人氛围。一般而言，大学精神可分为三个层次：一是智能层面的大学精神，由人文科学、社会科学和自然科学的知识系统所映射，能帮助学生开启智慧，激发思维；二是文化层面的大学精神，由校园内的各种文化活动所展现，能激发学生感受美、鉴赏美、创造美的审美需求；三是人格层面的大学精神，由校园各类主体的文明友爱、互助融洽等行为方式和高尚道德情操所彰显，能帮助学生激发理性，引领价值追求。因此，健康向上的精神情境能塑造学生的价值理念，从而催生一定的价值行为，这与“课程思政”的目标不谋而合。

---

① 〔德〕库尔特·勒温. 拓扑心理学原理[M]. 竺培梁译. 杭州：浙江教育出版社，1997：11.

三、党建视域下“课程思政”的特点

习近平总书记指出，我们的高校是党领导下的中国特色社会主义高校。从党建角度讲，高校推进“课程思政”建设，必须坚持党的领导，充分发挥基层党组织的战斗堡垒作用和党员教师的先锋模范作用。

高校党委是推进“课程思政”建设的核心力量。高校坚持社会主义办学方向，必须牢牢把握思想政治工作这条生命线。“课程思政”作为思想政治工作的重要组成部分，作为落实立德树人根本任务的重要载体，要求高校党委肩负主体责任，发挥领导核心作用。从国家意识形态战略高度出发，结合学校实际，总体部署，统筹规划，让马克思主义在专业学科中“发声”。

二级学院党组织是落实“课程思政”建设的重要枢纽。为了打破思想政治理论课“单枪匹马”的僵局，创造所有课程“万马奔腾”的佳局，“课程思政”要求二级学院党组织在学校党委的统领下，主动担责，结合学院特色，利用专业课平台，找准思想政治教育的融入点，将“课程思政”纳入学院内涵建设和工作职能范围，并且加入社会服务、科学研究、人才培养等各个领域，促进“课程思政”在各级学院的全面发展。

教师党支部是“课程思政”建设的坚强战斗堡垒。党支部担负着教育、管理、监督党员和联系服务群众的职责。“课程思政”要求党支部将其纳入支部建设的重要内容，指导支部成员将思想政治教育融入专业设计、课程建设和教材建设。由于教师党支部对学科和课程的专业性知识比较了解，易于从专业角度挖掘融入点，从而将“课程思政”建设落到实处。

党员教师是“课程思政”建设的实施主体。教师作为直接实践者，自身素质和业务水平影响着教育教学的最终成效，是解决“课程思政”建设“最后一公里”的关键因素。因此，“课程思政”要求教师在传授知识的同时，把做人做事的基本道理、社会主义核心价值观基本要求、实现中华民族伟大复兴重要使命等融入课程教学之中，充分发挥好课程的思想价值引领作用。①

---

① 孙杰，常静.高校加强“课程思政”建设现实路径选择[J].中国高等教育，2018(23)：15—17.

第三章 “课程思政”的理论基础

在马克思主义的指导下，向学生系统化地传授马克思主义理论及其有关于中国化的教育实践活动成果，是高校思想政治教育的本质。高校思想教育的根本目标在于让学生为中国特色社会主义的发展和中华民族的伟大复兴贡献力量，把学生培养成为有文化、有纪律、有道德、有理想的社会主义接班人。[①] 因此，马克思主义理论既是高校思想政治教育的根本内容，也是指导其有效展开的科学方法论。“课程思政”作为高校思想政治教育工作的重要组成部分，既彰显了马克思主义的根本立场，也体现了高校课程体系发展及提高教育教学质量的必然要求。科学理解“课程思政”概念，需要分析“课程思政”的理论基础。

第一节 关于人的全面发展理论

马克思、恩格斯在考察人类社会的过去和现在的基础上，对未来社会进行了科学设想，指出人的全面发展是人的发展的终极目标，并说明了相应的实现条件。高校推进“课程思政”建设，要自觉以关于人的全面发展理论为指导，两者在目标取向上是同向同行的，后者是“课程思政”的根本价值目标和内在理论根基。

---

① 胡洪彬．课程思政：从理论基础到制度构建[J]．重庆高教研究，2019，7(01)：112－120．

一、关于人的全面发展理论的内涵意蕴

(一)形成过程

关于人的全面发展理论是随着马克思主义理论的不断发展而丰富、成熟的,主要经历了以下几个过程:

萌芽阶段:马克思早在学生时代,就意识到人的自我价值的实现,不应该仅从个人利益出发,而应将社会需要与自身发展结合起来。1835 年,在中学毕业论文《青年在选择职业时的考虑》一文中,马克思写道:“在选择职业时,我们应该遵循的主要指针是人类的幸福和我们自身的完美。”①可见,在资本主义私欲横行的时代,马克思已跳出利己主义的小圈子,开始设想在谋求全人类幸福的大追求中实现个人的全面发展。进入大学后,马克思接触到了诸多哲学思想并不断受到启发,在其博士论文《德谟克利特的自然哲学和伊壁鸠鲁的自然哲学的差别》一文中,第一次阐述了他的自由思想,主张人的本性应该是自由的,人可以通过改变现实环境来实现人的自由发展,而哲学则是捍卫这种自由的武器。马克思学生时期的这些看法是关于人的全面发展理论的初步设想。

形成阶段:《1844 年经济学哲学手稿》是马克思主义理论体系创立的开端,其中阐述的异化劳动理论为资本主义私有制条件下人的畸形、片面发展拨开了云雾,由此为真正实现人的全面发展指明了方向,即消灭私有制,实现共产主义,解放全人类。马克思在《关于费尔巴哈的提纲》中对人做出了新的阐释:“人的本质不是单个人所固有的抽象物,在其现实性上,它是一切社会关系的总和。”②他认为,人除了自然属性外,还是处于社会关系中的人,具有社会属性。与此同时,马克思还指出:“哲学家们只是用不同的方式解释世界,问题在于改变世界”③,主张哲学的最终使命在于对现实世界的变革,以此建造一个利于人们自由发展的新世界。随后,《德意志意识形态》的

---

① 马克思恩格斯全集(第 40 卷)[M].北京:人民出版社,1982:7.

② 马克思恩格斯选集(第 1 卷)[M].北京:人民出版社,1995:60.

③ 马克思恩格斯选集(第 1 卷)[M].北京:人民出版社,1995:57.

发表，将人的全面发展理论推入一个新的发展阶段。一方面，禁锢人全面发展的因素更为清晰。在此文中，马克思认为“分工”是造成人片面发展的根本原因，“分工使他变成片面的人，使他畸形发展，使他受限制。”①所以，消灭私有制、消灭社会分工势在必行。另一方面，人的全面发展的概念更为清晰。“任何人的职责、使命、任务就是全面地发展自己的一切能力，”②“人以一种全面的方式，也就是说，作为一个完整的人，占有自己的全面的本质。”③这标志着人的全面发展理论的形成。

成熟阶段：1848 年发表的《共产党宣言》标志着马克思主义理论的诞生。这部著作全部理论的出发点和落脚点是实现人的自由全面发展。④ 马克思、恩格斯以唯物史观为基础，提出“两个必然”——“代替那存在着阶级和阶级对立的资产阶级旧社会的，将是这样一个联合体，在那里，每个人的自由发展是一切人的自由发展的条件。”⑤他们认为，只有用暴力推翻资本主义社会，消灭阶级和阶级对立，才能为人的全面发展创造条件。《资本论》深刻揭示了资本家剥削工人的秘密，阐明了工人无法实现全面发展的现实根源，即资本家为了让工人最大限度地创造剩余价值，而不断剥夺其自由时间。可见，在《资本论》中，人的全面发展与人的自由时间的关系已浮出水面，实现前者的根本条件与实践方式也最终确立。至此，关于人的全面发展理论走向成熟。

(二)基本内涵

人的全面发展是相对于人的片面发展而言的。关于人的全面发展理论，是马克思主义理论的重要组成部分，包含着丰富而深刻的内涵，以下主要从它的价值规定、现实规定和内容规定加以分析。

1. 价值规定——“未来的人应当怎样存在”

针对资本主义社会中物对人的统治，关于人的全面发展理论从价值层

① 马克思恩格斯全集(第 3 卷)[M]. 北京：人民出版社，1995：514.

② 马克思恩格斯全集(第 3 卷)[M]. 北京：人民出版社，1960：330.

③ 马克思恩格斯全集(第 42 卷)[M]. 北京：人民出版社，1979：123.

④ 陈瑞三，杨飞雪，阚迪. 马克思人的全面发展理论对高校思想政治教育工作的启示[J]. 辽宁大学学报(哲学社会科学版)，2018，46(01)：165－169.

⑤ 马克思恩格斯选集(第 1 卷)[M]. 北京：人民出版社，1995：294.

面，回答了“未来的人应当怎样存在”的问题。

在资本主义社会中，资本占有劳动、物统治人是支撑其不断发展的两大根基。而作为资本主义对立面的社会主义，从一开始就聚焦于对人本身的关注。追溯到19世纪的空想社会主义，空想社会主义者们就致力于改善工人的生活条件，希望创造一个能满足人性发展的乌托邦世界，但由于他们不懂得社会历史发展规律，只是将这种人性看成是人的自然生物属性，而建立在这种抽象人性基础上的社会主义自然成为空想。后来，马克思、恩格斯将这种空想社会主义抽茧剥丝，在把握社会历史发展规律的基础上，继承其对人的全面发展的追求，抛弃其不切实际的幻想，找到了通往理想社会的现实途径，即推翻资产阶级，消灭私有制和阶级对立，实现共产主义。也只有在共产主义社会里，在社会生产力极大发展、社会财富极为丰富的条件下，所有人自由而全面的发展才有实现的可能性。

因此，在马克思、恩格斯看来，人的全面发展是人类社会发展的最高目标，是作为人类的一种终极理想而存在的。这一理想将支撑着人们的生存与发展。与此同时，人的全面发展又是一个双重维度的结合体，既包含着具体化的现实标准，又象征着终极化的精神皈依，前者是后者的现实基础，后者是前者的终极追求，两者相辅相成、缺一不可。这种理想与现实之间的差距，引起人们对未来的憧憬与希望，从而激励人们不断前进。

2. 现实规定——“现实中的人应当做什么”

针对实现人的全面发展所需要的社会物质条件，关于人的全面发展理论从科学层面，回答了“现实中的人应当做什么”的问题。

正如前文所言，实现人的全面发展是人类的终极目标，而人们对它的追求则是一个不断推进的历史发展过程和现实运动过程。立足于我国当前的社会历史发展条件，把握关于人的全面发展理论的现实规定，可以从以下几个层面来加以分析：

第一，从党的最高纲领和最低纲领的辩证关系来理解。基于目前的社会生产力发展水平，人的全面发展是难以实现的，这属于党的最高纲领所追求的目标。基于社会主义初级阶段人的发展要求则属于党的最低纲领的范畴。两者是辩证统一的,人的全面发展为现阶段人的发展提供价值指引,而现实中人的发展每前进一步,都是对前者的逐步接近。因此,在社会主义初级阶段,推进现实中人的发展,应该将其与未来的发展方向统一起来,脚踏实地地为实现现阶段党的基本纲领而不懈奋斗。

第二,从现阶段工作的价值取向和社会主义本质要求来理解。在社会主义初级阶段,人的全面发展主要受到生产力和生产关系两方面的限制。目前的生产力发展水平还远不能让所有人都获得同样的发展机会,只能让一部分人先富起来,从而得到更多的发展机会。在生产关系方面,则要求现阶段经济、政治、文化的发展,必须着眼于促进人的全面发展要求。

第三,从物质文化发展和人的全面发展的关系来理解。实现人的全面发展,既需要有坚实的物质基础,也需要有极高的精神境界,因此,它与物质文化发展是相互促进的。一方面,人的发展受社会物质文明的影响。人的发展程度,较大部分取决于他所拥有的自由时间。一个社会的物质文明越发达,人们所花在谋生上的时间就越少,相应地,他们就有更多的自由支配时间去提升自己其他方面的能力。另一方面,人的发展也受社会精神文明的影响。在一个社会中,人们若只在乎物欲,而不重视精神,这样的社会不是全面发展的社会,处于这一社会中的人也必将是畸形发展的人。只有不断提高人们的思想觉悟,才能为实现人的全面发展提供源源不断的动力。

3. 内容规定——"人应当实现哪些发展"

针对现实中人的片面发展、不平等发展和不自由发展,关于人的全面发展理论从具体内容层面,回答了"人应当实现哪些发展"的问题。

在以往的发展过程中,人的发展形式主要表现为三种:第一,片面发展。这主要指人的某一方面才能得到了发挥,而其他方面的才能却难以施展。第二,不平等发展,主要指社会中一小部分人获得了某些发展方面的垄断权,而其他人则失去了相应的发展机会。第三,不自由发展,指人们由于受到各种限制,只能长时间从事某一种活动,无法自由变更。针对这种现状,马克思主义关于人的全面发展理论,强调每个人应该得到完整发展、平等发展和自由发展。这里的"人"指现实中存在的每一个个体,而"全面发展"则包括人的需要、人的社会关系、人的能力和素质以及人的个性等多个方面。

人的需要的全面满足。这是衡量人的全面发展的重要标志。马克思认为,需要是人自身的规定性,“人以其需要的无限性和广泛性区别于其他一切动物”[①]。人正是为了满足自身需要,才从事各种社会活动。可以说,人类社会的历史进程就是人的需要不断实现的进程。人的需要具有多样性、发展性。马斯洛需求层次理论将人的需要从高到低依此分为自我实现需要、尊重需要、社交需要、安全需要和生理需要。在不同的历史时期,人们最迫切的需求满足有所不同,在生产力水平较低阶段,满足生理需求和安全需求是首要任务,而随着社会生产力水平不断提高,人们越来越对较高层次的需要抱有期待。到了共产主义社会,在充裕的物质财富和极高的精神觉悟下,人们的需要将呈现出前所未有的丰富性,而这些需要也将得到全方位的满足。

人的社会关系的全面丰富。这是实现人的全面发展的根本前提。人具有社会属性,是生活在一定社会中的人,其生存和发展直接受到社会关系的影响。正如马克思所言,“社会关系实际上决定着一个人能够发展到什么程度。”[②]他根据社会关系的发展与人的发展的内在联系,将人的发展分为三个阶段。第一阶段是“人的依赖关系”。这存在于最初的社会形式中,人们根据血缘或地域关系结成共同体,个人没有独立性,其发展程度自然有限。第二阶段是“以物的依赖性为基础的人的独立性”。此时,社会关系被物化,人与人的关系通过商品生产、交换表现出来,人对物的依赖取代了人对人的依赖,人的发展依旧受到阻碍。第三阶段是“个人全面而自由发展”。那时,社会关系高度丰富,人们有机会通过丰富的社会关系网获得信息、开阔眼界、增长见识,由片面发展转向全面发展。

人的能力和素质的全面提高。这是实现人的全面发展的重要内容。人的才能的全面发展,包括了人的体力、智力、自然力和社会力等最大限度的发挥。体力指人的生物体的机能,是人在开展活动时脑、感官等的使用与消

① 马克思恩格斯全集(第49卷)[M].北京:人民出版社,1982:130.

② 马克思恩格斯全集(第3卷)[M].北京:人民出版社,1960:295.

耗；智力指人精神方面的生产力，有极大的能动性与创造性，能够帮助人们认识和解决问题；自然力是“作为天赋和才能、作为欲望存在于人身上”①的那种力量；社会力是人在社会关系中经过学习、实践和锻炼形成的能力，包括“政治力量、思想力量、知识力量、道德力量、理想和信念力量等等”。②

人的个性的全面发展。这是实现人的全面发展的最高要求。马克思、恩格斯将人分为“有个性的个人”和“偶然的个人”，其中，人的个性主要指“人们在逐渐的社会生活和实践中所产生的一种区别于他人的独特的心理与行为特征，是个人的私有财产。”③“偶然的个人”则指那些在社会关系中丧失了独立性，处于奴役地位的人。“有个性的个人与偶然的个人之间的差别，不是概念上的差别，而是历史事实。”④人的发展过程就是“有个性的个人”代替“偶然的个人”的过程。在人的发展的第一、二阶段，人或依赖于共同体，或依赖于商品，人的个性被淹没。只有到了共产主义社会，人才能摆脱限制，成为有独特形象、独特人格、独特能力的人。

二、关于人的全面发展理论为“课程思政”建设提供目的性证明

（一）高校思想政治教育在实现人的全面发展方面存在的不足

人的全面发展理论指出，实现人的全面发展的重要条件是教育。教育不仅能提高个人的素质和才能，而且能通过培养人才间接地影响国家的经济、政治、文化等方面。思想政治教育作为教育的重要组成部分，一直将实现学生的全面发展作为目标追求，但回顾以往的高校思想政治教育，达到这一目标还有着诸多不足，这主要是因为人们对思想政治教育价值、任务、主体等问题的认识存在偏差，从而导致了行为上的偏差。

首先，人们对思想政治教育价值的认识存在偏差，即片面强调思想政治教育的社会价值，忽视其个体价值。这种价值定位影响了相应的教育环节，

① 马克思恩格斯全集（第42卷）[M].北京：人民出版社，1979：167.

② 袁贵仁.论马克思人的全面发展观[J].高等师范教育研究，1992(03)：3－9，16.

③ 骆静.论马克思哲学中人的个性[D].南京：河海大学，2007.

④ 马克思恩格斯文集（第1卷）[M].北京：人民出版社，2009：574.

如在内容设置上，强调党的理论、路线、方针政策以及各种社会规范的灌输，而忽视了人的素质、能力的培养。事实上，思想政治教育的社会价值和个体价值是内在统一的，两者相互联系、相互促进，共同致力于实现人的全面发展。其次，人们对思想政治教育任务的认识存在偏差，即片面强调向学生灌输党的路线方针政策以及各种社会道德规范，而在培养学生的能力、个性等方面重视不足。高校思想政治教育的任务，应当实现灌输主流意识与培养学生素质的有效结合，这是帮助学生适应环境、成长成才的必然要求。随着经济全球化的推进和网络信息技术的发展，人们面对多种信息干扰与利益诱惑，在这种环境中生存，需要人们具备辨别是非的能力，只有选择与主流价值同向的道路，才能更好地实现自我价值。最后，人们对思想政治教育主体的认识存在偏差，即片面强调教育者的主体性，忽视了教育对象能动性的发挥。事实上思想政治教育是一个双向互动过程，在教育过程中，教育者的主体性和教育对象的主体性应该是同时并存的。这种双向互动远比单向灌输更具感染力、吸引力，更能实现促进人全面发展的价值目标。

（二）实现人的全面发展是“课程思政”建设的根本目标与教育视野

马克思主义的最高理想和思想政治教育所追求的最高培养目标都是实现人的全面发展。“课程思政”建设作为提高高校思想政治教育育人实效的一项重要举措，需要对传统的思想政治教育做出深刻反思，并始终坚持马克思主义关于人的全面发展理论的指导。其实，关于人的全面发展理论与“课程思政”在诸多方面存在着逻辑关联，而正是这些关联使前者为后者提供目的性证明。

1. 对象一致性

马克思主义关于人的全面发展理论的逻辑起点是“现实的个人”，这不仅仅是“有生命的个人”，而且还是“进行物质生产的，因而是在一定的物质的、不受他们任意支配的界限、前提和条件下活动着的”[①]。也就是说，人的全面发展理论的研究对象是现实存在的人，而非虚幻的、脱离实践的虚空概

① 马克思恩格斯选集（第1卷）[M]．北京：人民出版社，1995：72.

念。不论是全面发展的内容要求,还是实现全面发展的相关途径,其基本立足点皆是"现实的个人",而"全面发展"是关于"人"的发展的本质与核心内容。因此,马克思主义关于人的全面发展的理论始终是以"人"为核心基本点的科学理论。

"课程思政"建设的目标是教育者在进行知识传授与技能培训的同时,对教育对象实现价值引领,使教育对象的世界观、人生观、价值观更加贴合主流价值,培养能堪当民族复兴大任的时代新人。可以看出,"课程思政"建设的受力点依旧在于"人"。在教育目标的统领下,不论是内容设置、教学安排、评估检测等,都将围绕着"人"来开展。

因此,关于人的全面发展理论和"课程思政"建设都以"人"作为出发点和落脚点,围绕着人的需要与发展,制定相应的内容、要求和实现方法。

2.内容相似性

马克思主义关于人的全面发展的理论是针对"人"发展的科学,这种发展不是以往社会中畸形、片面的发展,而是多维度的全面发展,包含着丰富多样的内容要求:一是明确所处社会环境下人的现状,满足人们的需求;二是丰富发展人的社会关系,这将为人追求更高层次的发展奠定基础;三是提升人的能力和素质,其中既包括人的生理性力量,也包括思想、知识、道德、信念等精神性力量;四是拓展人的主体个性,使每个人具有代表性与独特性,从而区别于他人。

"课程思政"也是针对"人"发展的育人理念,旨在培养有理想、有道德、有文化、有纪律的"四有新人"。不难看出,"课程思政"要求下,人的发展也包含着多重目标,具体可分为以下五种:一是政治目标,旨在帮助学生坚定政治立场,自觉拥护党的路线方针政策,当爱党爱国爱民的华夏人;二是思想素质目标,旨在引导学生树立正确的世界观、人生观和价值观,当奋发向上的青年人;三是道德素质目标,旨在培养学生形成遵纪守法的行为习惯和基本道德素质,当合规合矩的社会人;四是心理素质目标,旨在提高学生面对压力与困境的承受能力,当阳光积极的健康人;五是文化目标,旨在丰富学生的知识体系,提升智力水平,当能力卓越的接班人。

因此，马克思主义关于人的全面发展理论与“课程思政”都在围绕“人”的发展要求方面进行了内容上的规定，二者都致力于满足人的生存生活需要，使其提升生存发展的技能，富有鲜明的个性特征和气质特点。

3. 途径相交性

实践是增强社会生产力的方式之一，也是实现人的全面发展的唯一方法。这种实践既包括现实物质世界的实践，也包括精神产出世界的实践。按照不同的实践内容，马克思将实践划分为低、中、高三个层次：一是低层次的生产实践。人们通过生产劳动获得生活资料，从而使自身的生存需求得到满足。可见，生产实践是一种基础性实践，为人的全面发展创造物质前提，在这一过程中，人的劳动能力也得到相应锻炼。二是中层次的社会实践。人们通过社会生活中的交往、沟通，编织一张巨大、和谐的关系网络，从而丰富自身的社会关系。社会实践是人们的主要实践，为人的全面发展提供社会保障。三是高层次的精神实践。这一实践主要是通过教育手段调动人们的主观能动性，提高人们的精神素养。在马克思看来，提高思想觉悟是实现人的全面发展必不可少的条件，而人们觉悟的提高则需发挥教育的作用。通过学校教育，向教育对象传递正确的价值理念与思想意识，能够为他们的发展奠定思想基础。因此，精神实践是实现人的全面发展的最佳利器。

“课程思政”目标的实现途径也是多种多样的，同样包括物质世界的实践和精神世界的实践。前者可采取生产劳动法和社会服务法促进学生发展。生产劳动法是指通过让教育对象进行生产劳动，提高其动手能力和劳动思维能力，培养他们形成吃苦耐劳的良好品质。社会服务法则指让教育对象参与一系列的社会服务活动，激发其人文关怀情感，增强他们的社会服务意识。在精神实践方面，主要采取灌输、渗透等方法对教育对象进行理论教育，使其掌握理论知识，提升自身文化素质。与此同时，随着社会的不断进步，自媒体技术手段也将为“课程思政”建设提供新思路与新方法。

综上所述，马克思主义关于人的全面发展理论和“课程思政”都从物质世界和精神世界出发开展实践活动，虽形式丰富多样，但在很大程度上其实现途径具有相交性。

高校"课程思政"建设是一项有目的、有计划地教育人、培养人的实践活动。促进人的全面发展是高校"课程思政"的本质意义,培养德智体美劳全面发展的时代新人是高校"课程思政"的终极目标。因此,必须以马克思主义关于人的全面发展理论为指导,增强高校"课程思政"的针对性与实效性。

第二节　隐性教育理念

20 世纪中后期,西方教育学家注意到学校有计划地开展课堂教学会带来意料之外的"无意识学习结果",经过进一步研究,他们发现这种"无意识学习结果"往往与学校的学习氛围、文化活动等息息相关,还能对课堂教学产生积极影响。于是,教育家们为了加以区分,就将课堂教学中的课程划分为显性课程与隐性课程、正式课程与非正式课程等。随着对隐性课程研究的进一步深入,研究者发现,学生在隐性课程中获得的价值观念、行为规范、知识能力等不仅隐含在校园文化中,还存在于家庭和社会环境之中。所以,隐性课程随之而来产生了一个上位概念——隐性教育。

在思想政治教育中,相较于中国采取的显性教育方式,西方国家更青睐于隐性教育,并取得了显著的教育成果。习近平总书记非常重视隐性思想政治教育,曾精辟地提出了"空气"之喻、"盐"之喻。[①] 因此,研究隐性教育理念,能够为"课程思政"提供方法论证明。

一、隐性教育理念的内涵意蕴

(一)起源与发展

隐性教育理念由隐性思想逐渐发展而成。中、西方思想家和教育家们的隐性思想和主张是隐性教育思想的渊源,也由此推动了隐性教育的产生与发展。

1. 我国隐性教育的起源与发展

我国古代十分重视道德教育,且十分注重发挥隐性教育的功能,为后世

① 张智. 习近平关于思想政治教育工作的五个比喻析论[J]. 思想理论教育导刊,2017(05):131—135.

留下了宝贵而又丰富的隐性教育思想。

春秋时期，以孔子为代表的儒家思想重视环境熏陶和榜样示范对人的影响，这成为了我国隐性教育的最初萌芽与直接源头。一方面，环境能影响人。这里的环境既包括生活环境，也包括人际交往环境。在孔子看来，居择乡、游择士是十分必要的，而且身边朋友的品行会对自身带来影响，即“益者三友，损者三友。友直，友谅，友多闻，益矣。友便辟，友善柔，友便佞，损矣。”[①]另一方面，榜样能激励人。孔子认为，榜样示范对一个人的品行塑造十分重要，只有率先垂范，才能带动和感染其他人，正所谓“其身正，不令而行；其身不正，虽令不从。”[②]“三人行，必有我师焉，择其善者而从之，其不善者而改之”[③]，也体现了孔子的榜样示范主张。

战国时期，孟子也强调环境对人的影响。“富岁，子弟多赖；凶岁，子弟多暴，非天之降才殊也，其所以陷溺其心者然也。”[④]在他看来，外部环境的好坏能直接对人性格的形成产生影响。同时，孟子还主张建立有序的人际关系来规范人们的言行，故而提出了“五伦”关系原则，即“父子有亲，君臣有义，夫妇有别，长幼有序，朋友有信。”[⑤]

东汉时期，思想家王充提出，“蓬生麻间，不扶自直；白纱入缁，不练自黑”[⑥]，认为人性的善恶与生活环境紧密相关，好的生活环境能促使人形成良好的道德品质与行为规范。

南北朝时期，古代教育家、文学家颜之推曾说，“人在年少，神情未定，所以款押，熏渍陶染，言行举动，无心于学，潜移默化，自然似之，何况操履艺能，较明易习者也”[⑦]，认为人在年轻的时候，性情还未定性，容易受到周围人的影响，在这一时期，他的言行举止都不用刻意学习，长久熏陶下就跟周围

① 论语·季氏.
② 论语·子路.
③ 论语·阳货.
④ 孟子·告子上.
⑤ 孟子·滕文公上.
⑥ 王充.论衡.
⑦ 颜之推颜氏家训.

人相似了。可见,颜之推也肯定榜样示范与环境熏陶的作用。

明末清初,王夫之主张环境能决定人意志的坚定程度,人的思想、行为与所处的环境息息相关。所以,他认为对人所处的环境进行控制,就能使人形成坚定的意志。

教育学家陶行知先生认为"生活即教育",即教育需要覆盖到学生生活中的方方面面、各个环节,当生活中的每个因素富有教育意义时,教育的功能就能极大限度地发挥出来。

对我国隐性教育的发展历程加以总结,会发现人们主要通过两条途径来实施隐性教育。一是环境熏陶法,即通过控制人身边的生活环境和人际交往环境,给人品行养成带来正面效应。"孟母三迁"就是历代相传的教育佳话。二是榜样示范法,即通过树立生动形象的典型榜样,以其感召力感染他人,以此产生正面激励、鼓舞作用。如孔子教育弟子"见贤思齐",就以周公、尧舜等为例。

2.西方隐性教育的起源与发展

西方是最早开始产生隐性教育思想的,并注重将隐性教育资源运用到学校中。相较于中国,西方国家对隐性教育的理论与实践研究更加系统与深入。

在古希腊时期,西方隐性教育思想就已萌芽。此时,苏格拉底开始关注环境对公民教育的影响,认为要想培育出优秀的社会公民,就必须具备一个良好的社会环境。柏拉图也同样关注环境与教育的关系,主张靠环境的影响来实施道德教育。随后,亚里士多德进一步指出具体的实践活动能够塑造人的品行,在这个过程中,遵循人的身心发展特点并进行合理教育,能激发人的潜能。

18 世纪至 19 世纪,裴斯泰洛齐主张"情感教育"和"爱的教育",他认为教育者应该怀有慈爱,对学生关心、爱护,这既能获得学生的信任,也有利于师生之间的互动以及学生个人潜能的发挥。

20 世纪,隐性教育逐渐形成明确化、系统化的理论主张。20 世纪上半叶,杜威(J. Dewey)在他的《民主主义与教育》和《经验与教育》两本著作中提出了"附带学习"(Collateral Learning)[①]的教育概念,即学生在学习过程中,除了获得正式学习中的知识外,还能得到其他东西,这种附加东西是教育者通过发挥潜在教育影响,使学生形成的对兴趣爱好、学习态度、道德习惯的认知,而这可能比正式学习更有价值。在杜威看来,"每一门学科,每一种教学方法,学校的每一个偶发事件都孕育着培养道德的可能性"[②],以此肯定了隐性教育存在的价值。

1958年,在《人的研究》一书,迈克尔·波兰尼提出"缄默知识",这种知识是"不能通过语言进行逻辑的说明,不能以规则的形式加以传递,也不能加以批判性反思。"[③]在他看来,人类所学习的知识分为两种,一种是由文字、图形、符号等完整表述的显性知识,另一种则是无法用具象形式表述的缄默知识。从"缄默知识"的概念中可以看出,其本质特征是人类对非语言表达成果的理解能力,是人们通过自我吸收、消化而领会到的知识。"缄默知识"理论的存在,直接推动了隐性教育的研究。

20世纪70年代,美国道德教育家科尔伯格经过一系列的道德理论与教育实践的研究后,他在论著中提出了隐性课程的有关概念,以及这一课程的重要性。他认为道德教育是理智课程的一部分,但不应该局限于正规课程。他主张在日常的教育方式之外,同一时间利用隐性课程实现道德教育,而这种道德教育的影响并不亚于其他正规课程的影响。[④] 由此,人们对隐性课程及隐性教育的认识更为深入。

总结西方隐性教育的发展历程,人们主要通过两条途径来实施隐性教育。一是通过学科教学进行隐性教育。在课堂教学中,教师除了要求学生掌握书本上的理论知识,也注重培养学生的意志品质与学习习惯。二是通过环境渗透进行隐性教育。这与中国的环境熏陶法有异曲同工之妙。

---

① J. Dewey. Foundations of Method Informal Talks on Teaching[M]. New York: Macmillan, 1925.

② 〔美〕杜威. 学校与社会·明日之学校[M]. 赵祥麟等译. 北京:人民教育出版社,1994:164.

③ 石中英. 波兰尼的知识理论及其教育意义[J]. 华东师范大学学报(教育科学版),2001(02):36—45.

④ Power C, Kohlberg. Ethical climate in schools[J]. 1987:12—13.

(二)基本内涵

1.定义

隐性教育是相对于显性教育来说的。显性教育是"教育者依据一定的社会目的和要求,通过明确的教育内容直接地对教育对象施加影响活动的手段和方式。"[①]而隐性教育则是教育者将教育目的暗含在教育对象的学习与生活中,通过不同的方式与途径,使教育对象在无意识状态下接受教育。理解隐性教育,需抓住三个关键点:一是在隐性教育主体中,一方需隐藏教育意图隐性施教,一方需隐性受教;二是隐性教育需要借助外部载体;三是教育内容和教育要求要有渗透性。

2.特征

隐性教育是一项系统的思想政治教育方法,综合国内外学者关于其特点的分析,隐性教育的特征主要表现在以下几个方面:

第一,教育目的具有潜隐性。潜隐性是隐性教育最典型的特征,有着两种表现形式:一是教育者提前预设教育目标,并利用多种载体将其巧妙地暗含在学生的学习与生活中,使他们在不知情的状态下接受教育者传递的道德观念、情感态度等。二是教育主体,即教育者和受教育者双方都在无意识状态下实现了教育目标。比如教育者在与受教育者相处中所展现出来的人格魅力、良好品行等,能影响他人,起到榜样示范作用。

第二,教育方法具有灵活性。隐性教育可以根据不同的教育情况采取灵活的教育方法。教育方法主要分为实践体验教育法、陶冶式教育法、渗透式教育法。[②] 渗透式教育方法是指根据教育对象所处的生活与学习环境,将教育内容渗透到其有可能接触的事物与活动中;陶冶式教育方法也称情感陶冶法,主要运用情感和环境因素,对学生进行潜移默化地熏陶与感染;实践体验教育方法是指组织学生参加一些体验活动,使其感受到实践的乐趣,进而逐渐提升自身素质。

① 王瑞荪.比较思想政治教育学[M].北京:高等教育出版社,2001:287.

② 张耀灿,郑永廷,吴潜涛,等.现代思想政治教育学[M].北京:人民出版社,2006:383.

第三，教育对象具有自主性。在显性教育中，教育者一般采取填鸭式的知识灌输形式，教育对象只能被动接受，整个教育过程带有强制性。与之相比，隐性教育更加重视教育对象的自主性，注重培养其自我学习与自我感悟能力。在隐性教育的教育过程中，教育对象身处于融洽、轻松的状态之中，不会感受到外在的说教压力，能充分发挥自己的参与意识与能动作用。

第四，教育效果具有持久性。相较于显性教育，隐性教育的教育效果往往呈现出持久性特征。一般而言，学生通过显性教育学习到的灌输性知识通常经由考试检验，考前匆忙准备、应付了事是多数学生的常态，这种没有真正理解的知识非常容易随着时间的推移而被遗忘。隐性教育获得的知识是经由学生自我感悟而来，而且多内化于学生的思维模式、价值观念、行为方式之中，不易随着时间的改变发生变化，这种教育影响是深刻且持久的。

3.类型

对隐性教育类的结构的分析可以从多个维度展开论述，主要从隐性教育的形态和影响方式的差异性角度，可分为四大类型：

第一，物质性隐性教育。这种类型的隐性教育主要是依托学校的校园建筑（如校门、教学楼、学生宿舍等）、文化设施（如图书馆、体育馆、展览厅等）、艺术生态（如雕塑、亭台、假山等）这些物质文化载体，对教育对象的行为、思想造成影响。客观物质本来是没有生命和情感的，但经由教育者的精心设计与创造，将预期的教育目标暗含其中，使物质文化载体以校园文化“硬件”及最直观的形式表现出来，以此创设一种文化氛围熏陶和感染学生。正如苏霍姆林斯基所说：“一所好的学校连墙壁也能说话。”一个校容校貌良好的学校，其所展露出的文化气息与青春活力，不仅彰显了教育者的价值取向与文化素养，也使学生得到美的享受，更为重要的是，长期在这种环境下生活学习，必将影响学生的精神风貌与行为方式。

第二，行为性隐性教育。这一类型的隐性教育主要依托学校的主体行为形象（如领导作风、教师品行、学生学习生活习惯等）、科技文化活动（如学术科研、体育赛事、社团活动等）、交际行为（如师生之间、学生之间等）这些行为文化载体，对教育对象的行为、思想造成影响。教育者在工作与生活中所传递的生存规则、道德准则、公务原则等行为文化，适应了青年学生易受感染、善于模仿的特性，能在一定程度上引导学生养成稳定的习惯与倾向。久而久之，教育者和受教育者双方行为文化的趋同与凝结，便构成学校的整体风气——“校风”，这种“无声之教”的教育影响是深刻而又持久的。就像加拿大学者斯蒂芳利考克说的那样：“对大学生真正有价值的东西，是他周围的生活环境。”①

第三，制度性隐性教育。这种类型的隐性教育主要通过贯彻落实学校的规章制度（如教学管理制度、生活管理制度、环境管理制度等）和纪律条令，帮助学生树立法纪意识，自觉约束自身行为。这些制度与条令集中反映着教育者的价值倾向与培养意向，由此形成的制度文化氛围，能够对学生行为起到指导、约束、矫正作用。如果说，校纪校规是约束中小学生行为越轨的“防护栏”，那么对于青年学生而言，学习贯彻学校制度，能够帮助学生实现个性化向社会化的转变，以便迈入社会后更好地适应“建设者”和“接班人”的角色。

第四，精神性隐性教育。这种类型的隐性教育主要依托由“认识”（如教育方针、办学方向、教学方法等）、“情感”（如教育主体的归属感、团体心理倾向等）、“价值”（指师生从校园活动中习得的价值取向与行为规范）、“理想”（指教育主体对学校未来发展的期待与追求）这四种成分构成的校园精神，对学生的思想和行为产生影响。校园精神是由多种校园主体共同创造，经过层层实践、反复选择而凝练、积淀而成，是被大多数人认可并遵循的共同价值取向和生活信念，能成为学生的精神支柱和行为导向。校园精神极具渗透力，它隐在整个校园环境和校园主体之中，形成一种浓厚的精神氛围，不仅使学校环境和校园主体独具魅力，也让置身其中的广大学生备受熏陶、感染和净化。

二、隐性教育理念为“课程思政”建设提供方法论证明

纵观当前教育中出现的问题，如应试教育、德育低效等，虽存在各式各样的原因，但一个重要事实是以往人们过于强调显性教育而忽略了隐性教育对人的影响。随着国内外学者对隐性教育理论的深入研究与逐渐完善，

---

① 张官禄. 校园文化论[M]. 北京：中国商业出版社，1994：94.

其独特优势日益明显，有着丰富的理论价值与实践价值。高校推进“课程思政”建设，需要从中汲取养分。

(一)理论价值

1.贯彻“以人为本”的理念

开展“课程思政”建设，是落实高校“立德树人”根本任务的重要举措，目标是培养有理想、有道德、有文化、有纪律的“四有”新人，致力于促进人的全面发展。围绕这些目标，在教育教学过程中，就必须贯彻“以人为本”的教育理念，做到尊重学生、理解学生、关心学生。“以人为本”强调知识传授与情感关怀的有机结合，既要对受教育者进行知识传授与技能培训，也要关心与尊重学生，充分发挥他们的主动性、创造性，引导其自觉投身到学习与实践中。传统的思想政治教育主要以显性教育为主，即注重教育者的知识灌输与正面说教，这虽然符合意识形态教育的特点，但也存在着难以调动教育对象积极性与主动性的问题，这就使育人效果大打折扣。“课程思政”是传统思想政治教育的创新发展，在继承显性教育特有优势的基础上，需要发挥隐性教育的作用。与显性教育的单向性、强制性不同，隐性教育更加强调学生的自我感悟与自我领会，即在教育过程中，尊重学生的个性特点，鼓励他们积极发挥主观能动性，实现自我探索与自我创造。这种教育模式贴合“以人为本”的教育理念，能够激发学生的学习热情，养成积极的生活态度，实现教育与自我教育统一。

隐性教育虽重视学生的主体地位，但并不意味着放任学生自由发挥，在这其中离不开教育者的正确指导。在教育过程中，教育者需要针对教育对象的身心特点，灵活选取教育方法，将预设的教育目标巧妙地融合在教育内容或环境创设中，使学生得到潜移默化的影响。与此同时，除关心学生的学习情况外，更需关注学生的身体和心理健康，及时了解学生的想法与需求，帮助他们解决问题。只有这样，才能真正做到以学生为本，从而促进学生的全面健康发展。

2.完善高校思想政治教育理论体系

如前文所言，在以往的高校思想政治教育中，显性教育一直发挥着重要作用。但随着社会的发展,思想政治教育的环境以及学生的思想行为都发生了新的变化,这就要求思想政治教育理论进行及时更新。在急剧变化的时代,我国取得了举世瞩目的成就,但也出现了一些不尽人意的现象。比如拜金主义和享乐主义的不断滋生使一些领域出现了道德失范现象;欺诈行为的不断出现使社会陷入诚信危机;腐败现象的蔓延使党的形象受到损害;西方文化的传播使青年学生的价值观受到冲击等。各式各样的变化使高校思想政治教育的环境发生了复杂而深刻的转变,思想政治工作者的任务更繁重、工作更艰巨。与此同时,作为思想政治教育对象主体的青年学生是处于特定时空中的人,必然受到周围环境的影响,社会大环境的改变也促使学生的思想行为发生相应变化。现如今,一部分青年学生认为,"智能本位"是市场经济的内在要求,社会需要的是有本事的人,而这里的"本事"与人的智力挂钩。因此,他们将学知识、长能力放在首要地位,而学做人、育美德则是次要的。这种重功利、轻德行的价值观念体现在学习上,则表现为重视专业知识学习和技能培训,而忽视思想政治理论的学习,甚至有学生认为这种学习对自己的成才无关紧要。在能力锻炼方面,部分学生偏向于磨炼自己的做事能力,而对自身的行为规范与习惯养成不够重视。

所有这些教育环境以及教育对象思想行为的变化都给高校思想政治教育带来了巨大挑战,若仅仅依靠以往的教育模式与方法,是无法胜任这项艰巨任务的。因此,高校思想政治教育既要通过显性教育提高针对性,又要通过隐性教育增强思想政治教育的感染力。不论是教育范围、教育形式还是教育方法,隐性教育理论都符合青年学生的现实需要,能够丰富和发展高校思想政治教育理论体系,使之过程、方法、载体等方面得到更新和完善,这既是思想政治教育客观规律研究的延续,也能更好地推动高校"课程思政"建设的开展。

(二)实践价值

1.为"课程思政"建设创设文化氛围

隐性教育理论的应用,能够为高校"课程思政"建设营造文化氛围,这一价值实现主要表现在校园文化环境的创设上。校园环境氛围作为思想和文化的聚集地,能够对学生产生直接影响。隐性教育可以创造出有利于学生思想和行为健康发展的文化环境，通过发挥其熏陶、感染作用，使学生在无意识状态下接受思想政治教育。精神文化环境和物质文化环境共同组成了校园文化环境的主要内容。

校园物质文化环境主要包括自然景观、基础设施、人文建筑等。这些物质载体在有意识、有目的、有计划的规划安排下，能够承载高校精神内涵，彰显历史与文化价值，从而起到一定的教育作用。例如，我国高等学府——清华大学校园内就弥散着浓郁的文化气息：由科学馆、大礼堂、清华学堂、同方部等构成的早期建筑群，体现着一代代学子“自强不息，厚德载物”的传统精神；由“王国维纪念碑”“三一八断碑”“朱自清雕塑”等组成的人文景观，体现着历史传承下的清华精神。良好的校园环境氛围，不仅使人精神愉悦，还有助于学生形成积极向上的动力。

校园精神文化环境由学校文化传统、规章制度等组成，是校园文化环境的核心。一方面，继承和发扬高校历来的文化传统，可以使学生在深厚的文化底蕴中受到熏陶与感染。例如，享誉世界的牛津大学，依旧保留着学生穿学袍的传统，保留着“高桌宴会”这一独特的师生交流方式，这种有着悠久历史和厚重学术气息的文化传统让每一位牛津人都受益匪浅。另一方面，规范合理的规章制度能够约束学生行为，引导其思想与价值观。高校制定的规章制度是社会倡导的价值取向与学校办学理念的有机融合，对学生个体行为规范和良好习惯的养成起到了重要作用，而这一作用则是通过隐性教育实现的。

2. 为“课程思政”建设拓展活动载体

“课程思政”强调在专业课、通识课的课堂教学中，有意识地渗透思想政治教育，而隐性教育的运用，能够拓展“课程思政”的活动载体，这一价值实现主要体现在网络教育与社会实践活动中。

由于现代信息技术的发展，网络成为了高校思想政治教育的重要载体。但网络是把双刃剑，既能给思想政治教育带来积极影响，也能产生负面效应，这种双面作用阻碍了“课程思政”的有效开展。隐性教育不受时空限制，既可以作用于现实环境中，也能对虚拟的网络环境产生影响。高校可以利用隐性渗透的方式优化校园网络信息平台、净化网络环境，将正确的价值观和科学文化知识隐藏在各类信息中，发布在校园官方网站、微信公众号、微博等网络媒体上进行教学。高校还可以精心策划线上交流活动，吸引教育者和教育对象的积极参与，围绕社会热点、难点问题展开研究讨论，这种师生之间或学生之间的网上互动与交往对话，既能拉近彼此间的关系，又能调动学生的积极性与主动性，在参与交流中悄然接受教育。可见，隐性教育可以使"课程思政"在网络环境中得以延续。

实践是个人思想品德形成发展的基础，开展"课程思政"建设，单靠课堂教育是无法实现预期效果的，还必须重视实践活动。高校可以根据人才培养目标，在把握学生个性要求的基础上，将学生应该具备的知识和能力隐藏在不同类型的社会实践活动中，比如在社区活动与实习活动中培养学生与人交往、独立解决问题的能力；在志愿活动与创新创业活动中培养学生适应社会、了解社会的能力等等。通过实践活动，学生可以正确认识自我、完善自我，既提升了自己的综合技能，又在不知不觉中磨炼了自身的精神意志，而这一育人效果的实现，是经由隐性教育完成的。

3.为"课程思政"建设提供教学方法

高校开展"课程思政"建设，旨在除思政课程外的其他课堂教学中渗透思想政治教育，从本质上讲，这种渗透性教育就是隐性教育的一种，都力求使学生在无意识状态下达到教育者预设的情感价值目标。"课程思政"要求实现专业课教育与思想政治教育的有机统一，这在教学方法上就是要求显性教育与隐性教育的有机结合。通过显性教育，使学生获得专业知识或专业技能；通过隐性教育，既可以帮助学生促进知识内化以及知识向能力素质的转化，也能使学生受到感染与启发，有利于学生树立健康、正确的三观。只有在显性教育与隐性教育的共同配合、相互作用下，才能真正培养出既有过硬本领又有家国情怀的社会栋梁之材。

第三节　有效教学理论

自教学存在以来，有效教学便是人们追求的目标。不同时代、不同地域对有效教学的追求各有特点。如孔子提出的“不愤不启，不悱不发，得一隅不以三隅反，则不复也”的启发式教学原则、苏格拉底的“产婆术”、柏拉图的“知识即回忆”等命题。20世纪，随着“教学是艺术还是科学”之争愈演愈烈，有效教学被正式提出。之后，国内外学者对有效教学理论的研究逐渐深入。

有效教学是当前教学改革的核心思想，也是关于课堂教学质量的理想追求。梳理有效教学理论的发展脉络，探讨有效教学的定义、特征、标准等，能为“课程思政”建设提供发展性证明。

一、有效教学理论的内涵意蕴

(一)发展概览

自教学活动诞生起，教学家们就在追求一种高效的教学方式，即以低的教学耗能，实现多的教学所得。也就是说，虽然有效教学直到20世纪才被正式提出，但人们很早就开始了对这一命题的研究与探索。

1. 我国的有效教学思想

自古代起，我国教育家就开始了对有效教学的探索，虽未明确表述，但对这一命题的研究在不自觉中就已进行。

孔子是我国古代伟大的思想家、教育家，他提出因材施教原则，主张实行“不愤不启，不悱不发，得一隅不以三隅反，则不复也”的启发式教学，这其中包含的“举一反三”要求就表明了对教学效率的关注。《学记》进一步发展了孔子的教学思想，提出：“道而弗牵，强而弗抑，开而弗达”，说的是老师要引导、鼓励学生，指导学生学习的方法，而不是牵着学生、压抑学生，或代替学生作结论。这种启发教学思想的精髓在于发挥老师的主导作用，创设情境，让学生自我感悟、自我发现，实现老师“举一”而学生“反三”的教学效果。《学记》中还指出：“善教者使人继其志”①，这里提到的“善教”有可能就是有效教学思想的最早体现。

汉代董仲舒提出的教学“圣化”思想进一步发展了《学记》中的有效教学

① 孟宪承.中国古代教育文选[M].北京：人民教育出版社，1979：97.

思想。他认为,“善为师者,既美其德,有慎其行,齐是蚤晚,任多少,适疾徐,造而弗趋,稽而勿苦,省其所为,而成其所湛,故力不劳而身大成。此之谓圣化,吾取之。”[①]意思是说教师既要提高自己的道德素质,又需规范自身行为,在教学中要把握好教学内容与教学速度,既要考核督促学生,但不要使学生倍感压力,多关注学生的日常行为,根据其个性特点帮助学生有所成就,这样就能有效地达到事半功倍的教学效果。

明末清初的教育家王夫之认为,学习不是简单的模仿,而应该启发学生实现“自悟”。他认为,“学者不自勉,而欲教者之俯从,终其身于不知不能而已矣。”学生要有自勉之心,要努力钻研,而不能要求老师降低标准加以迎合。在这之中,就强调了真正有效的教学需要调动学生的积极性,使学生由被动变为主动。

教育家陶行知主张“生活即教育”“社会即学校”“教学做合一”,反对教和学脱节。他强调教师的责任不在教书,而在教学,应注重培养学生发现、思考、解决问题的能力,而不是简单地传授书本知识。

2.国外的有效教学思想

相比于中国,国外教育家的有效教学思想是丰富而全面的,是当代有效教学理论的思想源泉。下文将着重梳理几位著名教育家的有效教学思想。

(1)夸美纽斯

夸美纽斯是教育史上最早系统化思考有效教学问题的人,是近代教育学的奠基人。他提出了班级授课制,主张一个教师同时教多个学生,并提出了大班和小班结合的教学模式。他认为,不论是对老师还是学生,班级授课制都有着无与伦比的优越性:一是有利于减轻教师的负担,班级授课制度下一个老师教多个学生和教几个学生所费的劳动力是一样的。二是有利于学生学习,在班级授课制中,“没有一个学生会被忽视”,此外,学生之间可以相互帮助、鼓励,学生们不同的表达方式可以加强他们对教材的了解程度等。[②]

---

① 熊承涤.秦汉教育论著选[M].北京:人民教育出版社,1987:90.

② 〔捷〕夸美纽斯.大教学论[M].傅任敢译.北京:人民教育出版社,1957:30.

在夸美纽斯生活的时代,班级授课制的提出是具有开拓性的教学思想,因为个别教学是当时西欧各国普遍采用的教学制度。就算是今天,世界各国主要的教学模式依然是班级授课制。此外,夸美纽斯还主张教学过程应以感觉为基础,强调直观性的教学原则,这种教学思想改变了当时死记硬背的学习景观,大大提升了教学效率。虽然夸美纽斯教学论思想中隐含的有效教学论述还比较基础和浅显,但仍然具有划时代的意义。

(2)杜威

与夸美纽斯不同,杜威的教育思想另成一体,其中最重要的特征是他将儿童置于教育活动的中心地位,就像他自己说的那样:"儿童变成了太阳,而教育的一切措施则围绕着他们转动;儿童是中心,教育的措施便围绕他们而组织起来。"[①]因此,在杜威那里,他所关注的有效教学更偏重于如何有效地实现儿童经验的不断积累与更新发展。这种不同的教育价值取向也是导致杜威的有效教学思想与夸美纽斯很大不同的原因。夸美纽斯关心的是"把一切知识教给一切人的"教学效率问题,在评判教学的有效性上带有主智倾向,即注重知识传授。但在杜威看来这种主智取向的有效教学是无法体现教育的真谛的,因为仅限于认识范畴的教学没有包含教育的全部内涵与活动,而人的认识活动恰恰只是人的经验活动的一部分,所以他反对仅仅将知识的获取作为判断有效教学的标准。这种反主智的教育取向颠覆了传统的教育观,也是杜威教育思想最受攻击的地方。可是换一个角度看,杜威确立了一个可以判断教学是否有效的新标准,即儿童自身的经验是怎样的。除传统的知识传授外,如何让儿童的教学更有效?如何让儿童的思想、情感、个性得到有效发展?在这个过程中教学需要承担什么责任?诸如此类的问题为有效教学的研究开辟了一个新天地。

(3)巴班斯基

有效教学思想发展的重要里程碑是教育家巴班斯基所提出的最优化教学理论。针对当时苏联出现的学生学习负担重、学习成效低的教育现状,巴

---

① 赵祥麟.杜威教育论著选[M].上海:华东师范大学出版社,198:132.

班斯基试图找到一种以花费最少时间和精力而获得最佳教学效果的教学方法,最优化教学理论应运而生。他认为最优化是在遵循教学规律和原则基础上,教师有意识、科学地对教育过程进行明确选择与安排,是有利于具体条件教学的安排方案。[①] 这个安排方案包括教育目的、任务、内容、方式方法等,巴班斯基从系统的角度入手,认为当教学过程中的每一个基本成分都发挥最佳作用时,最优化方法体系就得以形成。在他看来,判断教学过程是否最优化需要衡量四项标准:一是效果标准,即学生在一定时期内,其教养、教育和发展三个方面所得达到的最高水平;二是时间标准,即学生完成学习任务、教师完成工作任务所耗费的必要时间;三是精力耗损标准,即师生为达到一定教学效果所花费的必要精力;四是物质耗损标准,即为在一定时间内取得一定效果所消耗的教学经费。选择最佳方案时,需要根据以上四条标准对各种方案进行逐一比较,而其中最重要的就是效果标准和时间标准。虽然在操作层面,巴班斯基教学过程最优化理论的实施对教师而言是一项极大挑战,但从理论层面而言,他对教学过程最优化标准的论述是最直接和系统的有关有效教学的论述,完全符合高效低耗的教学价值取向。

总之,有效教学是全世界教育领域关注的重要课题,当代有效教学理论的研究与实践需要从国内外教育家的有效教学思想中吸取经验和教训。

(二)基本内涵

1. 定义

关于有效教学的定义,不同的学者都从不同的角度加以探讨,目前学术界尚未形成统一定论。本文认为,把握有效教学的内涵需要抓住三个关键方面:一是有效教学的效益要关注学生的全面发展。除提高学生的知识水平外,还需培养学生的情感、态度、价值观,只有各方面素质、能力都得到有效发展的人才符合国家和社会发展需求,才符合我国教育的根本目标。二是有效教学的过程要关注学生的情感体验。在教学中让学生体验探究知识的过程比获得知识本身更为重要,让学生体验与人交流合作比单向传授更

---

① 〔苏〕巴班斯基.教学过程最优化问答[M].李玉兰译.北京:北京师范大学出版社,1988:1.

为价值。注重学生的自我体验、自我感悟是评价教学有效性的一个重要指标。三是对有效教学的评估要关注多维度指标。只有建立多样化的评价体系，教学有效性的判断才更全面、更彻底。

2.特征

有效教学的特征指的是有效教学的独特征象，是区别于低效甚至无效教学的标志，具体体现在以下几个方面：

第一，教学目标注重师生的全面性发展。有效教学以实现人的全面发展为价值追求，其教学目标就集中体现为促进学生和老师的全面、协调发展。一是促进学生的发展，可以从学生个人和学生全体两个层面加以理解：对学生个人而言，有效的教学不是让学生的某一学科知识水平得到提升或某一素质能力得到发展，而是在教师的引导下，既获得知识与技能，又塑造或培养了情感态度和价值观。真正有效的教学就是让三维目标得到全面实现，为学生的全面协调发展提供强有力保障。对学生全体而言，有效教学需要实现所有学生的共同发展。当然，这种发展不是“趋同式”发展，而是在关照学生性格、气质、能力等个性差异的基础上，满足所有学生的个性化发展需求。二是强调教师的发展。真正有效的教学能够实现教师发展和学生发展的相辅相成、相互促进。教师不断加强理论学习，不断进行教学反思，不断提升教学水平，能够在教学过程中实现教学相长、良性互动的目的。

第二，教学方法注重师生的互动交往。交往活动的互动性指师生之间相互交流、相互理解、相互作用的过程，通过这种互动互学，能够构成一个“学习共同体”，提高教学效果。这种互动交往具有参与性、合作性的特点。参与性体现在师生将教学过程中的双向对话作为自己的真正需求，这时，教师和学生之间是平等的“你-我”关系，教师向学生传授知识，同时以自身品行影响和感染学生。学生也诚恳地接受教师的言传身教，并在对话中向教师表达自己对世界的理解，以自己的情感丰富教师的精神世界。合作性体现在师生在互动交往中的相互理解、相互尊重。教师与学生都全身心地投入教学活动，在对话中敞开心扉，在交流中相互学习，从而实现教学相长与共同发展。

第三，教学过程注重预设性与生成性的统一。预设是指教师要对教学过程进行合理的设计，积极开发课程资源、教学内容，有效利用教学媒体，引导学生积极主动地参与教学过程。[①] 教学中的预设性体现了教育是一项有意识、有目的、有计划的实践活动的本质要求。它要求教师在授课前做好充分准备，做到备教材、备教法和备学生。周密、详尽的预设是有效教学的前提。然而在实际的教学过程充斥着不确定因素，教学主体的多元性和教学情境的变化性都会使教学具有动态生成的特点。如果教师只是一味地按照自己的预先设定开展教学活动，而不能根据课堂情况进行随机应变地调整，学生的学习需求就无法得到充分满足，教学的有效性也就大大降低。因此，教学过程中的生成性是判断教学有效性的重要变量。在教学中，如果只讲预设，不讲生成，就会使教学陷入僵硬化、呆板化的境地；如果只讲动态生成，不做提前预设，教学活动也就无目标、无方向。真正有效的教学是预设性与生成性的有机统一。

第四，教学效果评价注重多元性。在传统教学中，教学效果多以学生的成绩为判断标准，鉴于此种评价指标，教师教学致力于提高学生的学科成绩。与之相比，有效教学的评价体系体现出多元性特点，主要表现在三个方面：一是评价主体的多元化。有效教学的评价主体已经超出学校教育的主体范畴，将家庭方面和社会方面的主体纳入了评价体系，这种多方面的视角能使评估结果更具全面性和现实针对性，也为教学的进一步优化提供了更多可能性。二是评价标准的多样性。除了学生的成绩外，有效教学的评价标准还包括教学气氛的营造、教学资源的利用、师生角色的定位等。三是评价方法的多样化。有效教学的教学效果评价采用定量分析与定性分析相结合的方法，这更符合教学活动确定性与不确定性的双重特点，能更恰当地评价实际效果。

总之，有效教学之所以有效，就是因为其教学目标、教学方法、教学过程以及教学效果评价具备以上基本特征，这也对教学实践活动起到指导作用。

---

① 蔡宝来，车伟艳．课堂有效教学：内涵、特征及构成要素[J]．教育科学研究，2013(01)：12—17.

3.标准

怎样的教学才是有效的教学，它的判断标准是什么？这个问题是有效教学理论研究的最基本、最核心的问题。只有在这个问题上达成共识，才能对教师的工作作出合理评价。本文主要从教学的结果和过程两个方面，分析有效教学的判断标准。

(1)有效教学的结果标准

一项教学活动的最终成效(即学生通过教学所得)，是判断其是否具有有效性的重要指标。有效教学的结果标准主要包括以下几条：

第一，帮助学生明白各学科的基本结构。这是有效教学的首要标准。“各门学科的基本结构”是指各学科的基本概念、原理和规则，这些观点具有普遍性和广泛适用性。学生理解和掌握这些知识，清楚自己所学知识的工具性作用，明白如何运用知识解决问题，就能更好地认识和理解世界，甚至改造世界。与此同时，知识的获得也能影响学生个人品格的形成，因为“行善必先知善”，而“无知即无德”。

第二，教会学生学会学习。“学会学习”是指学生可以不依赖教师，独立思考和解决学习过程中遇到的疑惑与问题。苏霍姆林斯基曾说认为真正的教育是能让学生进行自我教育。[①] 正所谓“授人以鱼不如授人以渔”，教会学生学习有助于其更好地适应社会。学生学会学习的关键，首先在于要养成良好的学习习惯。叶圣陶认为，教育的意义可简单理解为养成良好的习惯。[②] 比如，课前预习和课后复习的习惯、自我检查和自我总结的习惯、独立思考的习惯等。好的学习习惯让人受益终生。其次，学生学会学习还需要掌握一定的学习方法。好的方法往往可以起到事半功倍的效果。

第三，获得有意义的学习经验。学习经验既包括学习的经历与过程，也包括在特定学习经历中获得的体验与感悟。它不同于书本知识。后者只涉及认知层面，是对个体直接经验的抽象概括，然后用一定符号表现出来；学

① 〔苏〕B·A·苏霍姆林斯基著.给教师的建议[M].杜殿坤译.北京：教育科学出版社，1984:341.

② 任苏民.教育与人生：叶圣陶教育论著选读[M].上海：上海教育出版社，2004:83.

习经验包含着学习者本人的情感、态度，是具体、鲜活而又富有生气的。有价值的学习经验往往蕴含着丰富而又独特的个人认知，它们大多是原汁原味的、带有个人色彩的体验与感悟，这些都是从书本上无法获得的。而且，有意义的学习经验可以帮助学生更好地理解书本知识。就像杜威说的那样：“一盎司经验之所以胜过一吨理论，只是因为在经验中，任何理论才具有活力和可以证实的意义。”①

第四，在教学中陶冶学生品格。众多教育家都强调教育必须具有道德的目的。例如教育家赫尔巴特主张教育的唯一工作与全部工作可以总结在道德这一概念之中，“道德普遍地被认为是人类的最高目的，因此也是教育的最高目的。”②美国总统罗斯福也认为，教给人知识却不教给他道德，就是在给社会制造危机。可见，有效的教学离不开对学生道德品格的培养。教育的任务是为国家和社会发展培养人才，而只有本领过硬、能力卓越以及品行俱佳的人才符合时代要求。

(2)有效教学的过程标准

教学过程是实现教师预设的教育目标的关键环节，它的好坏直接影响教学的最终成效。有效教学的过程标准主要有以下几条：

第一，切合学生的知识水平，并具有适当的挑战性。从学生已有的知识基础和认知体验出发，是有效教学的第一要求。这是因为学习并不是外界知识的简单输入，它在本质上是个体在与外界的相互作用中，用已有知识去建构新认知的过程，而新旧知识之间的相互作用促使个体的认知水平再上一个台阶。因此，学习是个体的主动建构过程。从这个意义上说，一个人能学到的东西取决于他已经知道的东西。据此，教学活动就必须了解学生原有的知识经验，然后以此为基础，引导学生建构新的认识与理解。达到这一要求，教师就需做好充分准备，深入学生生活了解其知识水平，也可在教学中通过提问、谈话等手段，洞察学生对事物的认识与看法。在对学生的原有

---

① 〔美〕约翰·杜威．我们怎样思维·经验与教育[M]．姜文闵译．北京：人民教育出版社，1991.

② 〔德〕赫尔巴特．普通教育学·教育学讲授纲要[M]．李其龙译．杭州：浙江教育出版社，2002：207.

水平有一个大致了解后，教师就可提供些具有适度新颖性的学习材料，挑战学生原有的认识与理解，从而引导学生建构新的认知体系。

第二，具有探究性，能引导学生学会独立思考。在常规的教学中，教师一般要求学生用记忆、背诵的方法来学习书本知识，但这种教学效果并不理想。学生负担重，而且凭死记硬背习得的知识容易随着时间的推移而遗忘。教育学家第斯多惠曾说：“一个真正的教师指点给他的学生的，不是已投入了千百年劳动的现成的大厦，而是促使他去做砌砖的工作，同他一起来建造大厦，教他建筑。”换句话说就是，差的教师搬运真理，好的教师教人寻找真理。[①] 在平常的教学实践中可以观察到，真正优秀的教师常常鼓励学生以研究的眼光看待学习对象，启发、引导学生对存有疑惑的知识逐一检验，而不是将现成的结论直接告诉他们。因此，有效的教学应注重教学过程的探究性，创造机会使学生亲历探究过程，从而引导他们学会独立地开展脑力劳动。

第三，注重学以致用、知行统一。叶圣陶曾说，只有当学生把他们所学到的东西“融化”在他的思想、感情和行动里，并且他所学的东西会对他的行为和思想产生积极影响，这样的教育才算成功，这样的教育才是名副其实的教育。[②] 也就是说，有效地教学应教会学生知晓知识的应用与迁移，这既包括学会用已有知识去探索新的知识，也包括综合使用所学知识去解决实际问题。认识是用来指导实践的。因此，学会使用知识比理解知识本身更为重要。与此同时，学生在运用知识的过程中会不断加深对知识的理解，这些新认知会对学生原有的知识体系带来新的变化。

第四，创建相互学习、共同提高的学习共同体。真正有效的教学应该是教师与学生之间双向激发的教育活动。在这个过程中，师生之间、学生之间相互尊重、相互欣赏，个性特征不再是被消灭的对象，而成为彼此学习与借鉴的资源。通过交流对话，不同观点碰撞交锋，不同经验分享交流，教师与学生共处于自由、平等、民主的氛围中互教互学。在这种情况下，教师不仅

① 王承绪，赵祥麟. 西方现代教育论著选[M]. 北京：人民教育出版社，2001：464.
② 任苏民. 教育与人生：叶圣陶教育论著选读[M]. 上海：上海教育出版社，2004：80.

仅是授业者，学生在被教的同时反过来也在教育教师，教师本身也得到教益，他们合作起来共同成长。当然，打造这种学习共同体并非易事，它要求教师对学生保持敬意，且要善于捕捉向学生学习契机。但不管如何，倘若一项教学活动能够营造出这种令人神往的教学氛围，它的有效性也就毋庸置疑了。

二、有效教学理论为“课程思政”建设提供发展性证明

现如今，全球思想文化交融交锋呈现出新的特点，多元文化较量更为激烈，我国高校已经成为西方敌对势力同我国争夺青年学生的前沿阵地。在新形势下，如何使青年学生坚定政治立场、坚定理想信念、自觉践行社会主义核心价值观，是高校思想政治教育庄严而紧迫的任务，也是衡量其教育活动有效性的关键指标。

对高校学生进行思想政治教育的主渠道和主阵地是思想政治理论课。近年来学者们围绕思想政治理论课的有效教学进行了诸多理论探讨，但在实际的教学活动中，仍然存在着教学实践与教学理论背反的情况。首先，单维性的教学目标阻碍了有效教学。思想政治理论课的特殊性质与功能承载决定了其教学目标具有多维性，既包括马克思主义理论知识、技能和方法的习得，也包括构建社会主义意识形态及建立情感信仰的目标。① 但在实际的教学活动中，思想政治理论课的单质性教学目标依然存在，即强调单一性的理论知识传授。教学中只关注知识目标的完成，学生的意识形态建构和价值生成目标则被忽略了。这种背反削弱了思想政治理论课的育人功能，阻碍了有效教学的深度实现。其次，文本化的教学内容造成了低效教学。思想政治理论课教材是国家主流意识形态的深刻诠释和规范表达，具有高权威性与科学性。思想政治理论课教学要求教师依托教材内容，将相关知识、技能和方法传授发给学生。但是，思想政治理论课的特殊功能决定了除知

---

① 丁秋玲.思想政治理论课有效教学：内涵、困顿及策略研究[J].湖北工程学院学报，2019，39(04)：39－43.

识教学外，还需将思维方法、价值取向、行为规范纳入教学内容范畴。因此，教材内容是教学内容的重要组成部分，但不是唯一部分。然而，在实际的教学过程中，纯文本范式的宣讲、灌注现象依然存在，这就使教学的有效性大打折扣。最后，空场化的教学过程引发了无效教学。在思想政治理论课教学中，教师是主导者，学生是被动客体，两者缺乏平等、自主的交流，这就导致了在物质形态下，师生虽共处于一个教学共同体中，但在精神意义上却并非如此。有效教学理论强调师生之间的互动交往，注重学习共同体的构建，追求教师与学生的共同发展。显然，思想政治理论课教学中空场化的师生存在状态影响了教学的有效性。

完成高校思想政治教育任务，既需要发挥思想政治理论课主渠道作用，提高其课程教学的有效性，也需要推进“课程思政”建设，将思政育人目标贯穿于各类课程教育的全过程，实现专业知识与思政元素的有机统一，让各科教学回归“育人”本真。“课程思政”的推进既彰显了实现学生全面发展的目的性价值，也体现了隐性教育的方法论指导，更是对教学本身有效性的构建和发展。在有效教学理论看来，教学内容的丰富性和教学目标的正确性，是评判教学活动有效程度的重要因素。“课程思政”在教学内容上强调专业课教学内容与思想政治教育内容的紧密融合，在教学目标上追求知识传授与价值引领的有机统一，这对于提升教学有效性是有积极意义的。所以，为课程思政提供内在逻辑证明的是对有效教学的不断追求。

第四章　“课程思政”与思政课程

现如今,“课程思政”作为一种综合教育理念得到了广泛关注。与此同时,如何实现“课程思政”与思政课程的同向同行,也成为了学界理论研究与实践探索的重要课题。新时代提高高校思想政治教育的育人实效,需要在把握“课程思政”与思政课程辩证关系的基础上,分析两者同向同行的一系列问题,努力打造协同育人机制。

第一节　把握“课程思政”与思政课程的辩证关系

近年来,众多学者围绕“课程思政”与思政课程开展了诸多有益探索,为高校思想政治教育的创新发展提供了一定的理论指导。但在探索过程中,也不可避免地出现了一些认识偏差,影响了高校“课程思政”建设。因此,有必要分析当前的某些认识误区,科学把握“课程思政”与思政课程的辩证关系,以更好地促进两者同向同行发展。

一、走出认识误区

当前,对“课程思政”与思政课程的关系存在着三种认识误区,虽然持此种错误观点的人不多,但也需提高警惕,予以澄清。

(一)思政课程是“课程思政”的题中应有之义

持此种观点的人认为,“课程思政”与思政课程之间是一种包含与被包含的关系,思政课程从属于“课程思政”。此种观点的逻辑支点在于“课程”二字,认为“课程思政”包含的课程科目多,所涵盖的知识内容更为丰富,也就可以涵盖思政课程的内容。因此,思政课程是“课程思政”的题中应有之义。基于此种认识的逻辑推演,思政课程的主渠道和主阵地作用将受到质疑,从而削弱其影响力和实效性。因为在此种观点中,思政课程是被包含在“课程思政”中的,那么只需要开展好“课程思政”建设,自然就将原本思政课程所承担的任务也一并完成了。显然,这种观点是错误且有害的,将阻碍高校的思政课程与“课程思政”建设。首先,从课程内容来看,“课程思政”的确会涵盖思政课程的一些内容,但绝不是全部内容,因为后者所承载的内容是国家组织众多教育专家,经过多年研究与实践、反复推敲琢磨而呈现出来的系统化理论成果,这些内容是对国家主流意识形态的权威阐释和规范表达,不是其他课程能简单涵盖的。况且,“课程思政”所包含的内容,往往是零碎松散的,与思政课程的系统性、规范性内容不可相比。其次,从课程性质看,两者的角色定位与赋予的社会期待不同,不能简单地用课程数量来加以衡量。思政课程具有强意识形态性,其主要功能是通过向教育对象灌输主流意识形态,帮助其坚定政治立场,树立政治信仰,形成正确的世界观、人生观、价值观。“课程思政”主要依托专业课、通识课等其他课程,实现知识传授、技能培训与价值引领的有机统一。因此,“课程思政”虽包含的课程较多,但它与思政课程并不属于同一类事物,而以数量来确定不同类事物之间的关系,显然是不科学的。

（二）“课程思政”是思政课程的升级版

此种观点认为,思政课程注重显性教育,即将教育内容直接灌输给教育对象,这种强制性、单向性的教育方式很容易受到学生的排斥,无法产生较好的育人效果;而“课程思政”注重隐性教育,即依托各类课程,将思政元素内隐至课程教学中,使学生在无意识状态下接受思想政治教育,这种潜移默化的影响往往能带来较为理想的教育成效。此种观点以两者教育方式的不同而可能产生的教育影响为逻辑支点,得出“课程思政”是思政课程升级版的结论。在这种认识的指导下,很有可能导致高校在开展思想政治教育过程中顾此失彼,甚至两头落空。因为在此种观点看来,既然“课程思政”带来的育人影响优于思政课程,那么就可以专攻“课程思政”建设,以弥补思政课程的不足。目前,已经有小部分高校受这一认识的影响而导致了行动上的偏差。有的高校为推动“课程思政”建设，专门划拨经费成立研究课题以激励教师参与，使得很多教师在没有真正理解“课程思政”本质内涵的前提下，因一些功利化原因而参与研究；还有高校热衷于“另起炉灶”，既不利用现有资源推进“课程思政”，也不采取措施提升思政课程的育人实效性，而是通过召集一些专业课和思政课老师打造其他的“课程思政”。当然，若真能在课程内容上狠下功夫琢磨，做出点实际成果，也许还能开创“课程思政”的新路子，可惜这些高校却使着劲儿地在宣传、造势等华而不实的形式上花心思，并未给“课程思政”建设带来有力的实然影响。因此，这种将“课程思政”当成思政课程升级模式的认知是错误的。且不说在这种认识的指导下能否真的推进“课程思政”建设，单就其没认识到思政课程建设重要性这一点，就已经忽视了思想政治理论课在高校思想政治教育中的主渠道地位，更别说要发挥思政课程与其他课程的同向同行、协同育人作用了。

（三）“课程思政”可终结、替代“思政课程”

此种观点与前文论述的第二种观点是一脉相承、前后相继的，即都从思政课程与“课程思政”的实际育人效果出发，阐释两者的二选一性。与第二种观点略有不同的是，此种观点更为极端，它以某些高校的“课程思政”探索为立足点，认为既然“课程思政”产生的育人效果比思政课程更为优秀，完全可以用“课程思政”来替代思政课程。显然，这种观点是极其错误的。首先，它的逻辑起点就无法站稳脚跟。党中央一直高度重视思政课程建设，近年来，在中央和地方的共同指引下，各高校花费众多人力、物力、财力提升思想政治理论课的有效性，取得了不菲的成绩。这项高校的“第一课程”，不论是从领导体制、师资队伍方面，还是课程建设、教学改革方面，都呈现出欣欣向荣的发展完善之势。与此同时，在思政课教学质量年的调查研究中，显示有“百分之 86.6 的被访学生表示乐意上思政课”。[①] 因此，所谓的思政课程实效性不尽如人意的说法并不符合事实。的确，高校思想政治理论课的有效性还有许多的提升空间，但不能因为这些还有待完善的地方而抹杀思政课

① 教育部完成高校思政课大调研 86.6%受访学生喜欢上思政课[N]. 中国青年报，2017-12-07.

程这些年来所得的成果。其次,此种观点的案例支撑过于片面,不具代表性。它以某些地区、某些高校推进“课程思政”建设所取得的成绩,就以偏概全地论证“课程思政”的实效性优于思政课程,这种按需裁剪的论证方法并没有科学性。不可否认的是,自“课程思政”推行以来,有些高校的确取得了较好效果,比如上海地区高校所推出的“大国系列”课程,深受学生欢迎,也引起了社会热议,但不能以这种个别案例来概括全国整体的“课程思政”建设情况。就全局而言,“课程思政”作为一个新生事物,还处在探索阶段,许多理论和实践问题还需要人们不断深入研究。另外,这种观点还是极其危险的。这种“替代论”从本质上说是思政课程“无用论”的再现,意图撼动思想政治理论课在高校学生思想政治教育中的主渠道作用,甚至妄图取消思政课程,这将对高校的意识形态建设乃至国家的意识形态安全带来危害。

总之,在认识“课程思政”与思政课程的关系问题上,以上三种观点都是错误的。科学认识两者关系,需要走出认识误区,坚持系统思维和辩证思维,准确把握两者的联系与区别。

二、厘清辩证关系

概言之,“课程思政”与思政课程的辩证关系体现为两者之间的同向性与差异性。同向性集中表现为两者政治方向同向、育人方向同向和文化认同同向;差异性集中体现为两者的角色定位不同、实施方式不同和承担职能不同。

(一)同向性

1.政治方向同向

“为谁培养人,培养什么样的人,怎样培养人”是我国各类学校办学时必须首先明确的根本性问题。当前世界多元文化交织,某些敌对势力妄图蛊惑人心,抢夺我国青年学生意识形态的主导权。在这种背景下,高校思想政治教育帮助和引导学生坚守“政治红线”的任务迫在眉睫,这就需要思政课程与其他各类课程发挥同向同行作用,守好社会主义意识形态“责任田”。因此,思政课程与“课程思政”的同向性首先表现在两者政治方向的一致性。思政课程要发挥好主渠道的价值引领标杆作用,引导学生形成国家认同、政治认同;“课程思政”要做好协同配合，将思政元素有机融入课程教学中，引导学生把握政治方向、树立大局意识，与思政课程“遥相呼应”，共同筑牢意识形态主阵地。

2. 育人方向同向

“课程思政”以专业课、通识课等其他课程为依托，虽与思政课程承担着不同的教学任务，但两者在育人方向上是保持一致的，即立德树人、以文化人。实现中华民族伟大复兴的中国梦，需要高校培养造就一批德智体美劳全面发展的社会主义建设者和接班人。这就要求思政课程与“课程思政”发挥各自优势，协同发力，承载拔节孕穗的历史使命，落实立德树人根本任务。思政课程与“课程思政”育人方向的一致性首先体现在“为谁培养人”的问题上。我国高校的社会主义性质决定了所有课程教学是为建设中国特色社会主义服务的，所有课程都需通过显性教育或隐性教育的方式，引导学生形成对中国道路、中国理论、中国制度以及中国文化的价值认同。其次，思政课程与“课程思政”育人方向的一致性还体现在“培养什么样的人”的问题上。当前，各国之间的激烈竞争在本质上是人才之间的竞争，中华民族屹立世界民族之林，需要建设大批符合社会需求的人才队伍，这就为高校的人才培养提供了两个硬性指标：一是知识储备丰富、专业技能过硬。这就要求所有课程将学科知识讲精讲透，创造理论与实践相结合的机会，提升学生的专业素养，增强学生的创新思维能力。二是道德素质良好，行为端正。只有恪守社会规范、兼具责任担当意识的人才是真正对国家有用的人。而那些拥有超高智商、却无家国情怀的人终将成为危害国家的利器。因此，所有课程在进行知识传授的同时，还需发挥价值引领作用，以培养德智相济、全面发展的时代新人。

3. 文化认同同向

习近平总书记在庆祝中国共产党成立 95 周年大会上的讲话中指出，“全党要坚定道路自信、理论自信、制度自信、文化自信”，而“文化自信，是更基础、更广泛、更深厚的自信。”[①]能否实现文化自信，需要发挥教育的力量。因此，思政课程与“课程思政”的同向性还表现为文化认同、价值观认同的一

① 庆祝中国共产党成立95周年大会在京隆重举行[N]. 人民日报，2016-07-02(01).

致性。一方面,所有课程在教学过程中需要引导学生形成对中国优秀传统文化的认同、对革命文化的认同、对社会主义先进文化的认同等;另一方面,引导学生自觉践行社会主义核心价值观是“课程思政”与思政课程共同努力的方向。习总书记指出,人类社会发展的历史表明,对一个民族、一个国家来说,最持久、最深层的力量是全社会共同认可的核心价值观。核心价值观,承载着一个民族、一个国家的精神追求,体现着一个社会评判是非曲直的价值标准。[①] 为达到这一价值观教育目标,思政课程要发挥正面灌输与价值引航作用,“课程思政”则需要将社会主义核心价值观教育融入专业课、通识课等其他课程教学中,发挥隐性教育作用,实现润物细无声。两者通力合作,帮助青年学生树立文化自信与价值观认同。

(二)差异性

1.角色定位不同

根据教育部颁布的相关文件,思政课程与“课程思政”的角色定位是不一样的。思政课程是高校的“第一课程”,是对大学生进行思想政治教育的主渠道和主阵地,体现了社会主义高校的政治底色。《新时代高校思想政治理论课教学工作基本要求》指出,思想政治理论课承担着对大学生进行系统的马克思主义理论教育的任务,是核心课程和灵魂课程。“课程思政”则是为了打破高校思想政治理论课孤军奋战的现实困境、提升教育实效性而提出的综合育人理念,是落实“三全育人”的重要举措。《高校思想政治工作质量提升工程实施纲要》指出,要以“课程思政”为目标,推动课堂教学改革,整理专业课程中所包含的思想政治教育资源,实现知识体系教育和思想政治教育的统一。综上,思政课程与“课程思政”同处于高校思想政治教育的大格局下,前者是根基、是主干,后者是渠道、是载体。

2.实施方式不同

思政课程与“课程思政”对学生进行思想政治教育的方式不同,前者主

① 习近平.青年要自觉践行社会主义核心价值观——在北京大学师生座谈会上的讲话[EB/OL].新华网,http://news.xinhuanet.com/2014-05/05/c_1110528066.htm.2014-05-04.

要以显性教育为主，后者则注重显隐结合，但多以隐性教育为主。一方面，思政课程作为高校思想政治教育的主渠道和主阵地，是有计划、有目的、有组织开展的教育活动，它所具有的强意识形态性，决定了教师在课堂教学中必须旗帜鲜明地表明立场、观点和态度，因此，"灌输"是思政课程教学的基本理念。有时，教师考虑到学生的心理特点，为了增强教学内容的吸引力与感染力，也会在教学过程中适当地采取一些艺术方法与技巧手段，但总体而言，思政课程在本质上仍属于典型的显性教育。另一方面，"课程思政"强调的是充分挖掘各类课程的思想政治教育资源，以实现思政元素与专业知识的有机融合，由于其依托的课程类型多样，根据各学科的不同特点，与思想政治教育结合的方式也有所不同。比如，在一些哲学社会科学的教学中，有些科目的某些内容会与思政课内容相重合，因此，这类课程教学中的思想政治教育多采取显性方式。而对于一些理工类课程，其专业教学与思想政治教育结合的方式多采取隐性方式。但总体而言，"课程思政"中的思政教育大多以隐性教育为主。

3. 承担职能不同

由于思政课程和"课程思政"两者的角色定位不同，其所承担的职能也必然不同。一方面，思政课程的中心词眼在于"课程"，它从属于高校课程体系。根据高校"培养德智体美劳全面发展的社会主义建设者和接班人"的人才培养目标，思政课程主要塑造学生的品行，就是以德育为主导。因此，思政课程在高校的课程体系中位于核心地位，承担着向学生进行系统的马克思主义理论教育，引导学生树立正确"三观"的职能。也就是说，开展思想政治教育是思政课程的分内之事，主要采取课堂教学的形式。另一方面，"课程思政"的中心词眼在于"思政"，"课程"是开展思想政治教育的载体，强调充分开发和利用各类课程中的思政元素。但由于"课程思政"中包含的课程较多，职能也不尽相同，有的重视知识教育，有的重视技能教育等。换言之，思政课程职能单一，重在主导价值观教育；而"课程思政"职能多样，思想政治教育是后来为形成育人合力而衍生出来的职能。

第二节 实现“课程思政”与思政课程的同向同行

习近平总书记指出，做好高校思想政治工作，要因事而化、因时而进、因势而新。当前，顺应时代发展，必须看到高校发挥育人合力的必然性。提高思想政治教育的实效性，需要各高校立足学校实际，打破学科壁垒，积极推动思政课程与“课程思政”的同向同行，形成真正的“大思政”格局。

一、“课程思政”与思政课程同向同行的逻辑必然

（一）是落实高校立德树人根本任务的内在要求

习近平总书记指出：“高校立身之本在于立德树人”“要坚持把立德树人作为中心环节，把思想政治工作贯穿教育教学全过程，实现全程育人、全方位育人。”①这一重要论述为我国高校的建设与发展指明了方向。首先，从理论上明确了人才培养的目标。“立德”强调的是道德养成。国无德不兴，人无德不立，“德”在高校人才培养中起着先导性作用，决定着学生的价值观和人生走向。“树人”强调的是培养什么人和为谁培养人。我国高校需要培养的是德智体美劳全面发展的社会主义接班人。实现立德树人这一根本任务，是所有教育活动的职责所在，也是所有课程应肩负的教育使命。因此，那种把“立德树人”加以区别，从而把某种职责划分给某类课程的观点是荒谬可笑的。比如，一种典型的错误认识是认为由思想政治理论课承担“立德”职责，由专业课等其他课程承担“树人”职责。“立德树人”是一个有机整体，需要所有课程发挥育人合力。其次，习总书记的论述也为高校如何更好地实现立德树人的目标提供了行动指南。既要发挥思想政治理论课立德树人的主渠道作用，也要充分挖掘其他各类课程的立德树人资源，做到春风化雨、润物无声。实现思政课程与“课程思政”的同向同行，能够产生叠加效应，提升高校立德树人工作的实效性。

---

① 习近平在全国高校思想政治工作会议上强调：把思想政治工作贯穿教育教学全过程 开创我国高等教育事业发展新局面[N]．人民日报，2016-12-09(01)．

(二)是推进高校意识形态工作的必然选择

对于党来说,意识形态工作是一项非常重要的工作,而高校则是这项工作的前沿阵地。其中,帮助青年学生树立正确的价值观是高校意识形态工作的重中之重。正如习近平总书记所言:"青年的价值取向决定了未来整个社会的价值取向,而青年又处在价值观形成和确立的时期,抓好这一时期的价值观养成十分重要。这就像穿衣服扣扣子一样,如果第一粒扣子扣错了,剩余的扣子都会扣错。人生的扣子从一开始就要扣好。"[①]因此,必须重视青年学生的价值观养成。当前在世界文化多元交织的时代背景下,随着互联网的快速发展,高校已经成为多种思想和价值观交流碰撞的重点场域,与此同时,某些西方敌对势力借助互联网输出自己国家的意识形态,妄图消解社会主义意识形态的话语权和主导权,这些都使高校意识形态工作面临的形势更为复杂。如何让青年学生坚定对社会主义主流意识形态的价值认同,理性看待西方价值观,是高校意识形态工作必须攻破的重大课题。完成这一任务,高校必须把意识形态教育贯穿到教育教学的全过程,抛弃以往那种认为价值观教育仅是思政课教师职责的错误观点,利用多种渠道、采取显隐结合的方法,确保主流意识形态进学校课堂、进学生头脑。因此,推进高校意识形态工作,需要实现思政课程与"课程思政"的同向同行,前者发挥价值引航作用,后者协同配合,如此才能维护高校意识形态安全。

(三)是总结高校协同育人历史经验的实际成果

以思政课程与"课程思政"的同向同行推进高校思想政治教育,这种协同育人理念并不是近几年才出现的,其实早在改革开放前后,我国就已经意识到要让各类课程协同配合,以推进高校思想政治工作。20 世纪 80 年代初期,这种协同配合还讲得比较笼统,主要涉及自然科学和社会科学在加强和改进马克思主义理论教育中的协同作用。1987 年 5 月通过的《中共中央关于改进和加强高等学校思想政治工作的决定》将这一协同问题进一步细化,提出"把思想政治教育与业务教学工作结合起来",还对社会科学与自然科

---

① 习近平谈治国理政(第一卷)[M].北京:外文出版社,2014:172.

学如何实现协同作用进行了具体的规定。进入 21 世纪，随着理论与实践研究的不断深入，对这一问题的认识也更为深刻。2004 年，《中共中央国务院关于进一步加强和改进大学生思想政治教育的意见》提出要发掘各类课程的思想政治教育资源。2016 年，习近平总书记提出要让“各类课程与思想政治理论课同向同行”，进一步明确了所有课程在推进高校思想政治工作中应承担的职责与使命。因此，实现思政课程与“课程思政”的同向同行，是在总结高校协同育人历史经验的基础上，结合新时代要求而作出的科学判断。

二、“课程思政”与思政课程同向同行的科学内涵

实现“课程思政”与思政课程的同向同行，首先需要把握其科学内涵，弄清楚“同向”和“同行”两个基本问题。对“同向”问题的理解，在上一节分析“课程思政”与思政课程的辩证关系时就已提到，两者的同向集中表现为三个方面：一是政治方向同向，即都是为中国特色社会主义服务；二是育人方向同向，即都是为了实现立德树人这一教育的根本任务；三是文化认同同向，即都是为了引导教育对象形成文化认同与价值观认同，尤其是对社会主义核心价值观的认同。思政课程与“课程思政”的同向性就构成了两者得以同行的内在逻辑。

那么，何谓“同行”？可以从以下几个方面理解：一是步调一致。既然思政课程是推进高校思政想政治教育的“核心课程”和“灵魂课程”，“课程思政”就需与其保持在同一频道，也就是说，凡是纳入“课程思政”系列的课程都需在顶层设计上进行统筹考虑，以体现政治认同、文化认同、价值观认同的要求。二是相互补充。思政课程与“课程思政”的同行，不是用一个代替另一个或者把两个变为一个，而是形成以前者为轴心、后者为补充的育人体系。对于那些思政课程无法承担的任务，由“课程思政”有目的、有计划地进行错位性补充。三是相互促进。思政课程可以给“课程思政”树立政治导向标准、教学规范标准等，以起到示范引领作用。比如在紧跟中央精神方面，思政课程的强意识形态性决定了它必须走在其他课程前面。另外，“课程思政”可以给思政课程提供学科支撑和队伍支撑。前者依托众多学科课程，这些科目的特点与优势能给思政课程提供养分与实例论证。与此同时，纳入

“课程思政”系列的课程教师也将承担思政育人职责，这大大提升了师资力量，既减轻了思政课教师的负担，也增强了育人合力。四是共享发展，即思政课程与“课程思政”彼此共享信息与资源，包括学生综合素质信息、课程建设资源、教学方式方法等。

总之，在思政课程与“课程思政”同向同行的问题中，“同向”是前提，“同行”是目的，前者属于方向问题，后者属于实践范畴，两者相互联系、相互促进，形成协同效应。

三、“课程思政”与思政课程同向同行的现实梗阻

当前，教育领域对思政课程与“课程思政”同向同行的理论和实践研究此起彼伏，但在实际探索过程中，所取得的最终效果与预期目标仍存在着不小的差距，因此，需要冷静分析影响两者同向同行的现实梗阻。

（一）认识偏差

认识指导实践，人们对思政课程与“课程思政”的了解程度影响着两者同向同行的力度和有效度。就目前而言，高校部分师生在主观认识方面仍存在误区，这严重影响了思政课程与“课程思政”同向同行的步伐。

一方面，一些师生对思想政治理论课的价值意义尚不清晰。他们仍保留着对思政课“假大空”的刻板印象，认为它仅是宣传党的理论、路线、方针、政策的“扩音器”，并无实际作用。而且受个人主义、功利主义思潮的影响，师生更青睐于功能性、实用性强的专业课程，认为学习思政理论并不能给今后的就业带来有利影响，甚至产生了思政课“无用论”的错误思想。这种对思政课的错误解读，既不利于其发挥引航正向功能，也不利于“课程思政”的落实。既然一些教师对思政课存有偏见，可见他们自身的马克思主义理论素养并不高，这就给思想政治教育与课程教学的有机融合增加了难度。更为严重的是，有些教师持“反马”“非马”观点，在课堂上向学生大肆宣扬与社会主义主流意识形态相抵触的观点，对学生的价值观养成产生了极其恶劣的负面影响。另一方面，对思政课程与“课程思政”两者的关系把握存在误差。正如第一节中所分析的，有人认为“课程思政”包含思政课程，有人认为

“课程思政”是思政课程的升级版，更为甚者认为“课程思政”可终结、替代思政课程，这几种观点一脉相承、环环相扣，皆是思想政治理论课“无用论”“过时论”的变体，严重阻碍了思政课程与“课程思政”同向同行的落实。

（二）实践偏差

由于“课程思政”以专业课、通识课等其他各类课程为依托，这既给它与思政课程的同向同行带来了积极影响，也产生了一定程度的阻碍。一方面，“课程思政”拓展了思政课程的师资力量与课程载体。“课程思政”的提出本就是为了打破以前思政课程孤军奋战、思政教师单兵作战的窘境，它要求各类课程的教师都加入思想政治工作的行列，实现从专员育人向全员育人的转化。通过“课程思政”，思想政治教育可以在通识教育课程中得到强化，又能在专业课程中进一步深化，还可以在实践课程中实现内化，从而实现“单课程”教学向“全课程”育人的转变。另一方面，“课程思政”所依托的这些课程，虽然与思政课程共同指向立德树人的育人目标，但是它们在教学目标的细化上又不可避免地出现了一定程度的区别：思政课程侧重于育德，而其他课程尤其是专业课侧重于育智。这种教学目标的差异性也就使得教学内容的取向和编排有所不同，而如何在不同的知识体系中挖掘思想政治教育资源或找准思政元素的融合点，是“课程思政”与思政课程同向同行的关键点，亦是难点。因此，思政课程与“课程思政”的同向同行是相互促进、相互补充的状态，也是一个求同存异的过程。然而，在具体的实践过程中，由于对求同存异的把握不当，致使这种同向同行陷入“两张皮”的形式主义沼泽。有的高校在未能准确把握思政课程与“课程思政”同向同行的科学内涵的前提下，贸然投身建设热潮，一味地将思想政治教育与其他课程内容进行生搬硬套与简单叠加，片面追求思政元素在课程领域的覆盖面积，这种机械搬运的方式既违背了知识的相融相通性，又忽视了学生的思想诉求，与同向同行的价值目标相去甚远，还容易引起学生对思想政治教育的排斥情绪。

（三）效果偏差

目前，为响应国家号召，也为提升思想政治工作的有效性，众多高校已加入到了推进思政课程与“课程思政”同向同行的行列，但就其实践效果而言，全国整体情况并不理想。除上海外，绝大多数高校仍处于摸索起步阶段。上海因开展“课程思政”建设较早，积累了不少经验，但由于不同高校在师资队伍、课程设置等方面存在着诸多差别，使得上海经验的借鉴作用有所削弱。

纵观全国建设情况，思政课程与“课程思政”同向同行实践效果之所以出现偏差，主要受到以下困境的影响：一是教师的思政素养普遍偏低。当然，这里的教师指的是除思政课教师外的、纳入“课程思政”建设体系的其他任课教师，正是这部分教师的思政素养将直接关乎“课程思政”与思政课程同向同行的有效程度。毋庸置疑的是这部分教师都曾接受过不同阶段的思想政治教育，但其中仍有小部分人存在着主观认知上的偏见，在知识传授与价值引领两者关系的把握上有失偏颇，从而缺乏课程育人意识。也有一小部分教师虽认识到了课程教学在立德树人这一教育根本任务中应承担的使命，但由于其自身条件不足，导致育人能力欠缺。总之，在具体推进“课程思政”的过程中，专业课、通识课等其他任课教师存在着两大主要问题：第一，对待“课程思政”的态度。合理、端正的态度是提高实践有效性的前提，然而在这个问题上有些教师仍持有“术业有专攻”的观点，将“课程思政”作为一项不得不开展的工作，常常敷衍、应付了事，影响了教育效果。第二，挖掘课程中思想政治教育资源的能力。大部分教师态度端正，但由于其在马克思主义理论素养、政治敏锐性等方面存在短板，往往无法把握任教课程中蕴含的思政元素，也难以在不破坏课程原有知识体系的前提下，将这种潜藏的资源巧妙地融入课堂教学中，这也是“课程思政”不尽人意的主要原因。“课程思政”的建设情况自然影响着它与思政课程的同向同行。

除此之外，两者的同向同行还受另一困境的阻碍，即运行机制和评价标准有待完善。第一，缺乏上下联动的引导机制和互利共赢的合作机制。前者指顶层设计，也就是说高校推行思政课程与“课程思政”同向同行的思路还不是很清晰；后者指具体部署，某些高校虽成立了由思政课教师组成的指导团队和由各专业课程教师组成的研究团队，试图通过两支优质师资队伍的协同配合，探索出一条同向同行的有效路径，然而实际情况是这两者的合作仅停留在表层，往往通过开展一些座谈会进行交流探讨，并未形成实质性成果。第二,缺乏“课程思政”建设的评价体系以及它与思政课程同向同行有效性程度的评价体系。只有明确划定效果指标,才能使具体的实践活动有路可循。然而,正是由于一些可操作性标准的缺乏,导致思政教师和专业课教师十分迷茫,不清楚思政课程与“课程思政”同向同行的最终成果是何面貌,这也就阻碍了其前行的步伐。

四、“课程思政”与思政课程同向同行的基本思路

2018 年 3 月,教育部部长陈宝生指出:“要啃下一批‘硬骨头’,包括教师思政、课程思政、网络思政等,解决思政课和思想政治工作发展中的一些难点问题。”[①]可见,推进“课程思政”建设仍有许多亟须攻克的难题,而这些问题能否顺利解决直接影响着思政课程与“课程思政”同向同行的有效程度。实现两者的同向同行,既不是简单叠加,也不是机械搬运,而是需要将思想政治教育这把“盐”真正融入所有课程这碗“汤”中,进而烹调出让人回味无穷、营养丰富的“育人汤”。因此,在两者的同向同行建设中需要缕清基本思路,既要明确目标要求,找准着力点,又得把握好关键问题。

(一)目标要求

思政课程与“课程思政”同向同行的目标要求紧跟“立德树人”这一教育的根本任务,力图实现教师与学生的共同发展:教师的角色定位需回归到教育本真上来,学生的个人发展需符合国家、社会的建设需要。

1. 教师要成为塑造学生品格、品行的“大先生”

推进思政课程与“课程思政”的同向同行,将思想政治教育这把“盐”融入学校所有课程这碗“汤”中,教师是“掌勺者”。习总书记曾指明,教师“不能只做传授书本知识的教书匠,而要成为塑造学生品格、品行、品位的‘大先生’”。[②] 因此,在实现思政课程与“课程思政”同向同行这一问题上,教师需改变以往的“教书匠”形象,回归教育本真,全面提升育人意识,尤其是“思政

---

① 陈宝生. 彻底改变思政课的被动情形[EB/OL]. 中华人民共和国教育部政府门户网站,http://www.moe.edu.cn/jyb_xwfb/xw_zt/moe_357/jyzt_2018n/20188_zt07/. 2018-03-16.

② 习近平首次点评“95”后大学生[N]. 人民日报,2017-01-03(02).

育人”意识，树立“知识传授与价值引领有机统一”的教育理念，调整教学的思维和行动范式。

首先，教师要逐步引导学生了解马克思主义的观点、立场，并运用马克思主义分析问题和解决问题。这既是马克思主义理论教育的灵魂所在，也是帮助学生在价值多元的社会环境中保持头脑清醒、立场正确的有力武器。因此，教师在课堂教学中一方面要树立辩证思维，运用辩证唯物主义的原则方法分析事物的前因后果、内在联系，从纷繁复杂的事物表象中把握事物的本质与规律。另一方面要树立历史思维，运用历史唯物主义原则方法分析事物的发展脉络和历史进程，从中吸取经验教训。

其次，教师要引导学生树立坚定的理想信念，这是立德树人的关键步骤。教师在教育教学中，可通过生动形象的经典案例将知识传授与理想信念教育结合起来。比如，在讲授某一理论、原理时，既可以穿插一些为追求真理而矢志奋斗的人物案例，激励学生做奋进者、开拓者，也可呈现一些学以致用、服务国家建设的优秀案例，引导学生自觉将个人事业融入国家和社会发展之中。

再次，教师要引导学生自觉践行社会主义核心价值观。人无精神不立，国无精神不兴。社会主义核心价值观是当代中国精神的集中体现，凝结着全体人民共同的价值追求，是中华民族赖以维系的精神纽带，是我国繁荣发展的精神支撑。所以，教师要将社会主义核心价值观融入教学活动中，以此实现在知识学习的同时提升道德素养的目标，做到以文化人、以德育人。同时，教师也要发挥榜样示范作用。教师的言行举止对学生有着示范引导作用，并且会影响学生的核心价值观的看法。所以教师必须带头践行社会主义核心价值观，用实际行动感召学生、带动学生。

最后，教师要在实践中引导学生实现内化，做到知行统一。有学者指出，要想突破思想政治教育难以真正融入大学生日常生活领域这一瓶颈，还需要消除日常生活和政治教育之间的背离，促进双方达致良性转化。[①]

---

① 王学俭，刘珂．融入日常生活：思想政治教育的微观建构[J]．思想教育研究，2015(02)：18—22.

因此，教师要积极创造社会实践机会，将思想政治教育融入实践环节，进一步提升育人效力。比如，通过设置社会调研环节，让学生进一步了解国家和社会需求，在实践中培养学生运用马克思主义的立场、观点、方法认识和分析社会现象、社会问题的能力，并增强其社会责任感。

2.学生要成为德智体美劳全面发展的社会主义建设者和接班人

我国高校是中国特色社会主义高校，需要落实立德树人根本任务，培养德智体美劳全面发展的社会主义建设者和接班人。这既是我国社会性质在教育领域的彰显，也是实现人的全面发展的阶段性目标与追求。教育活动是教育者与教育对象的双向互动过程，只有当后者将前者所传授的知识、技能、价值理念等真正内化于心，并有强烈的意图在今后的个人发展中将所学所获外化于行时，教育目标才算得以有效实现。因此，思政课程与“课程思政”同向同行的另一目标要求在于学生的个人发展符合国家、社会的建设需要，在其今后的人生征途上做到与国家、民族同呼吸、共命运、同进步。

首先，学生要有坚定的政治信仰和正确的政治立场。人是社会中的人，只有当他的思想意识符合社会主流意识形态时，他的一切活动才有了根基，其发展方向才不会出现大的偏差。因此，拥护祖国、拥护中国共产党的领导、拥护马克思主义是社会主义教育灌溉下学生应具备的最基本的价值取向。只有这样，学生之后的成长成才就能与社会发展方向保持一致，就不会犯根本性、政治性错误。其次，学生要具备较高的马克思主义理论素养，坚持用马克思主义的立场、观点、方法分析与解决问题。在纷繁复杂的社会环境中，只有具备分辨是非、善恶、美丑的能力才能破除迷雾、勇往直前。现在，中国特色社会主义进入新时代，我国社会环境更加复杂多变，学生只有树立辩证思维与历史思维，才能保持头脑清醒，做出正确判断。再次，学生还要有崇高的理想抱负。一个真正有学问的人，应当站在国家和民族发展的高度，探索世界、追求真理，为推进社会进步与人类发展而求知求学。作为青年学生，应当“把个人的理想追求融入国家和民族的事业中”，自觉树立起为实现中华民族伟大复兴而学习奋斗的远大理想和坚定信念，脚踏实地地为实现自己的抱负而付出努力，通过勤奋学习来为实现理想增强能量。

最后，学生还要自觉践行社会主义核心价值观。这既是学生个人健康成长的需要，也是其肩负起民族复兴重任的需要。

(二)着力点

1. 加强顶层设计

高校推进思政课程与“课程思政”的同向同行，要坚持马克思主义指导地位，以立德树人为根本任务，把培育和践行社会主义核心价值观融入教书育人全过程，充分发挥思政课程的主渠道作用，充分挖掘其他课程蕴含的思政元素以发挥协同育人作用，培养堪当民族复兴大任的时代新人和德智体美劳全面发展的社会主义建设者和接班人。

首先，科学把握思政课程与“课程思政”的关系，明确两者的地位与作用。思政课程与“课程思政”并不是谁取代谁的关系，两者在角色定位、实施方式和所承担的职能方面有所区别，又在政治方向、育人方向、文化认同方面保持一致，这种联系与区别使两者能够相互补充、相互促进，共同处于高校思想政治工作的框架体系下，共同推进立德树人根本任务的实现。其中，思政课程是高校思想政治教育的“核心课程”“灵魂课程”，必须发挥主渠道与主阵地作用；“课程思政”是为了打破以往思政课程孤军奋战的现状而提出的育人理念，目的是让专业课、通识课等其他课程发挥思政育人功能，与思政课程形成协同效应。因此，高校在推进两者同向同行的过程中，不能本末倒置，只一味地建设“课程思政”，忽略了思政课程的建设，而是应该在坚持思政课程核心地位，不断提升其育人实效性的基础上，发挥“课程思政”的育人作用。其次，科学规划思政课程与“课程思政”同向同行的行动路向，将其真正落实到人才培养方案、授课计划、授课过程和课程评价之中。这种科学性的彰显需要经过三个步骤准备：一是深入了解学校的思想政治教育现状，分析存在的优势与不足，以此为基础对思政课程与“课程思政”同向同行的目标、要素、结构等进行调查研究，并形成全面、细致的调研报告。二是根据调研报告，制定出符合学校发展战略和学校特色、定位准确、目标清晰、切实可行的计划方案。三是在计划方案的基础上，确定可量化的指标，制定出推进思政课程与“课程思政”同向同行的原则、策略和具体方法。

2.构建协同育人模式

推进思政课程与“课程思政”的同向同行，需要在共同的育人理念指导下，建立稳定的、长效的教育团体，以确保学生思想品德和价值取向的健康养成，从而实现共同的教育目标。这一教育团体也可称为“思政共同体”，其最大的优势在于能将过去那种分散的、单个的思想政治教育活动转变为整体的、全体性的思想政治教育活动。思政课程与“课程思政”之所以能构建一个“思政共同体”，其基本前提在于高校全体教职工有着共同的教育对象、共同的育人目标以及共同的价值追求，通过全体人员之间相互配合、相互协作，能够发挥全员、全程、全方位的协同育人作用。

那么，如何打造这一“思政共同体”？首先，统一理念，挖掘育人资源。在“协同育人”理念的指导下，通过了解共同体内部的现状，如教师队伍的结构比例与思政素养、思政课程的建设情况、其他课程的教学教改情况等，充分开发已有的思想政治教育资源。其次，加强对话，深化育人共识。这种交流对话的主体主要包括思政课教师和专业课、通识课等其他课程的任课教师，以及学校党政干部、辅导员、班主任等，通过他们之间的交流合作，以增强育人合力。最后，健全机制，实现共建共享。要想“思政共同体”发挥最大育人效力，共同体内部的资源共享是极其重要的，其中包括知识共享、过程共享、体验共享等。因此，要健全内部的管理机制，保证成员之间的消息畅通、交流畅通，以实现育人效果的最大化。“思政共同体”作为一个整体性的育人系统，是由多个育人子系统构成，其育人效能的发挥存在两种情况：一是共同体的育人效能大于各子系统的育人效能之和；二是共同体的育人效能小于各子系统的育人效能之和或其潜在的育人能力。推进思政课程与“课程思政”的同向同行，需要尽可能提升“思政共同体”的整体效能，实现整体功能大于部分功能之和。达到这一目标，需要从以下四个方面入手：第一，实现课程理论的系统整合。明确思政课程与其他课程的思想政治教育定位，找准其与社会主流意识形态的交叉点，以此承载思政内容，将社会主义核心价值观贯穿所有课程教学。第二，实现课程内容的系统整合。科学设计各门课程的教学内容，在保持原有知识结构的基础上，实现价值引领的同向发力。第三，教师队伍的系统整合。在保证教师学科专业化的同时，提升所有教师的马克思主义理论素养，为所有课程发挥思政育人功能创造条件。第四，实践活动的系统整合。所有的教学实践活动，在帮助学生实现知识内化的同时，更为重要的是让学生在理论与实践的结合中塑造品行、磨炼意志。

3.健全制度保障

推进思政课程与"课程思政"的同向同行，需要加强制度建设以提供保障支撑，主要包括领导体制、保障机制和其他制度建设。

首先，建立学校党委统一领导，党政部门、工会和共青团齐抓共管，全体教职工协同配合的"大思政"格局。高校要成立指导思政课程与"课程思政"同向同行的领导机构、组织机构和培训机构，各部门协同联动、各院系主导推进、各课程教师具体落实，推动形成良好的协同育人氛围。其次，健全思政课程与"课程思政"同向同行的保障机制。主要包括引导机制、交流合作机制、激励约束机制、考核评价机制等。在建立健全以上保障机制时，需要把握好几个重要环节：一是要将思政育人理念内化为所有教职工成员的自觉意识，达成育人共识，并将这种认知落实到行动中，实现理论与实践的对接。二是加速资源集成，实现优质课程资源、教学经历资源、育人体验资源的共建共享。三是搭建新媒体多元化平台，探索高校网络思想政治教育新阵地。四是培育育人氛围，进一步增强教师做马克思主义理论信仰者与传播者的使命感、责任感，进一步坚定学生对主流意识形态的政治认同与情感认同。最后，加强其他制度建设。一是建立责任落实制度。要将推进思政课程与"课程思政"同向同行的责任具体落实到人，课程教师作为直接实施者，更应该明确其专业教学与思政教育的"一岗双责"，实现知识传授与价值引领的有机统一。二是建立"课程思政"专项制度，将其纳入高校教育教学规程、教学质量与绩效考核中。三是建立协同备课制度。要定期开展思政教师与其他课程教师之间的协同备课活动，通过彼此之间的交流研讨，既帮助思政教师在其他学科中汲取教学养分，又促进其他课程教师加深对思想政治教育方法与内容的了解。四是建立考核评估制度。建立思政课程与"课程思政"同向同行的评估指标体系，包括评估标准、评估内容、评估方法等，以促进两者同向同行的科学化和规范化。

（三）关键问题

推进思政课程与“课程思政”的同向同行，需把握关键问题，即如何通过改革与建设，既让专业课、通识课等其他课程的教学内容自然地承载思想政治教育功能，使学生受到潜移默化的影响，又让思政课程的教学内容像其他课程一样为学生所认同，提高育人效能，真正实现两者教学内容的同向同行。

1. 专业课教学内容同向同行建设

“课程思政”建设，强调挖掘专业课、通识课等其他课程的思想政治教育资源，形成协同育人效应。在这些课程中，通识课由于其人文性特点突出，文化育人一直是其承担的主要职能，因此这类课程中的“课程思政”建设开展得较为顺利。但由于各类专业课程的科学性、学术性、专业化特点明显，与思想政治教育的有效融合点短时间内难以准确把握，需要不断进行实践探索，因此，其“课程思政”建设还有漫长的路要走，这也是今后改革的重点。高校专业课程根据学科属性的不同，一般可划分为理工科课程和文科课程，而这两类课程的“课程思政”建设要求也有所不同。

在过去的课程教学中，理工科课程重视专业知识学习而忽视了思想育人，因此，对于这一类课程的“课程思政”建设需要提升育人意识，实现专业学习与价值引领的有效融合。一方面，要在教学内容中渗透以唯物主义为核心的科学精神，即唯物主义无神论的世界观和辩证唯物主义的方法论。马克思主义指出，世界的本质是物质统一性，“凡是把理论引向神秘主义的神秘东西，都能在人的实践中以及对这种实践的理解中得到合理的解决”。[①] 因此，“课程思政”必须为学生树立正确、科学的世界观。与此同时，理工科课程中的科学方法都是辩证唯物主义方法论在具体学科领域的运用，故教师在讲授或运用专业方法时，可以将其上升到辩证唯物主义方法论的高度，帮助学生增强辩证思维能力和历史思维能力。另一方面，要在教学内容中渗透社会主义核心价值观教育。有小部分理工科学生政治敏锐性不强、政治信仰淡漠，很容易受到一些西方社会思潮的影响，故教师在课程教学中应

① 马克思恩格斯文集（第1卷）[M]. 北京：人民出版社，2009：501.

注意培养学生辨别是非的能力和社会责任感，引导其坚定理想信念，自觉肩负为国为民的时代重任。

与理工科课程有所不同，文科课程中有时会存在立场、价值取向对立的问题，这主要是因为改革开放以来，很多文科教师接触到了许多西方理论，加之一些西方人文科学教材的引进，使得文科课程中包含着大量西方的思想元素，它们有的与社会主义主流意识形态不一致，有的因为国情不同而无法明确定义是非对错。因此，这类课程的“课程思政”建设需要坚守底线意识，把握育人方向，做到不唯西，只唯实。与此同时，教师在课程教学中，尽量避免将碎片化的思政理论刻意嵌入专业内容中，或者先灌输思政理论再讲解专业内容，这些都会导致思想政治教育与专业教学出现“两张皮”的脱节现象，从而陷入形式主义的沼泽。

2.思政课教学内容同向同行建设

推进思政课程与“课程思政”的同向同行，需要两者相互学习、相互促进。但就目前的实践情况而言，大多数高校只注意到了其他课程向思政课程的靠拢，而忽视了思政课程向其他课程的学习。实际上，思政课程可以在保持自身学科特色的基础上，学习其他课程的科学研究方法和客观评价机制，从而增强学生对本门课程的认同感和认可度。

科学的研究方法主要是归纳与演绎。爱因斯坦在研究科学发展史后提出，科学不能只通过归纳从经验中抽象出来，还要依靠逻辑演绎；经验归纳与逻辑演绎是人类最主要的科学原则和方法。[①] 一方面，思政课程的教学内容可以采用经验归纳的科学方法。部分学生之所以排斥思政课程是觉得其教学内容往往具有“假、大、空”的性质，而利用经验归纳方法将课程理论建立在大量经验事实基础之上，能让学生感受到具体化、形象化的知识，而非一些空中楼阁般的抽象理论。比如，在讲述习近平新时代中国特色社会主义思想时，就可以将其展现于社会主义五百年和中国革命一百年的历史画卷中，呈现于中国四十多年的改革开放浪潮中，引导学生理解这些思想的历

① 爱因斯坦文集（第3卷）[M].北京：商务印书馆，1976：490.

史依据与现实基础、客观规律与主体选择，这种方式可以让理论阐释更加丰富、饱满。另一方面，思政课程的教学内容可以采用逻辑演绎的科学方法。思政课程所包含的内容丰富而又广泛，但由于教学时间有限，教师在实际教学中知识点讲授比较密集且紧凑，导致很多学生难以消化教学内容。若采用逻辑演绎的科学方法，帮助学生厘清知识点之间的逻辑链条，教师就可以在有限的时间内取得最佳的教学效果。“理论只要说服人，就能掌握群众；而理论只要彻底，就能说服人。所谓彻底，就是抓住事物的根本。”[①]比如，中国近现代史纲要课程教学内容繁杂，但究其根本，中国近代抵御外来侵略、实现人民解放的过程，体现了一个逻辑推演的过程，即中国为什么选择了马克思主义，选择了共产党，选择了社会主义道路，选择了改革开放。当教师将这些复杂的内容整理成一个有序的逻辑链条时，学生就能轻松、有效地掌握所学知识。

思政课程除了学习归纳与演绎的科学研究方法，还可以学习其他课程的客观评价机制，尤其是同行评议。一项科学成果一般先经由归纳与演绎方法得到，在经受住严苛的实践检验和同行评议后，才能为科学界所认同。以此类比，思政课程也应该尽可能地展现其他国家的思想政治教育情况以及国外对马克思主义的认识和评价。在过去的思政课程教学中，教师往往只注重国内情况的介绍，使得很多学生以为只有中国才有思想政治教育，才强调理论灌输，于是滋生排斥与反感情绪。其实，对学生进行思想政治教育是所有国家的共同诉求，只是在国外不称之为“思想政治教育”，而是叫“公民教育”“道德教育”等，而且国外的意识形态教育多采取隐性教育方式，注重环境熏陶。与此同时，马克思主义研究在西方也越来越普遍，马克思主义经典著作甚至成为了国外许多学校的必修科目。因此，思政课程教学需要客观、全面地展现这些情况，使学生在国际大背景下了解思政内容，从而实现知识认同与情感认同。

---

① 马克思恩格斯文集(第1卷)[M].北京:人民出版社,2009:11.

第五章 "课程思政"与产教融合

《国务院关于加快发展现代职业教育的决定》(国发〔2014〕19 号)指出:"坚持以立德树人为根本,加快现代职业教育体系建设,深化产教融合、校企合作,培养数以亿计的高素质劳动者和技术技能人才。推动教育教学改革与产业转型升级衔接配套。突出职业院校办学特色,强化校企协同育人。"① 这是国家加快发展现代职业教育作出的重大战略部署,是深化产教融合、鼓励校企协同育人的一个重要举措,对培养适合经济社会发展需求的高技术技能应用型人才具有十分重要的意义。那么,在"产教融合、校企共育"的背景下,"课程思政"建设将面临着怎样的机遇与挑战?

第一节 产教融合的内在意蕴

我国高校的根本任务就是培养德、智、体、美、劳全面发展的社会主义建设者和接班人,为国家和民族发展输送知识型、技能型人才。其中,"德、智、体、美、劳"中"德"是第一位的,是新时代人才的核心素养。我国历来重视德育工作,经过多年的理论研究与实践探索,高校的德育课程已经形成了一个较为成熟的体系,但除了理论教育外,德育还需注重学生的实践体验,让学生在具体的实践活动中内化德育目标。然而在课外教学的实践方面,高校德育还存在着不少提升空间。对此,党的十九大报告提出要深化产教融合、校企合作。随着 2017 年 12 月《国务院办公厅关于深化产教融合的若干意

---

① 国务院关于加快发展现代职业教育的决定[Z]. 国发〔2014〕19 号,2014-05-02.

见》的出台，深化产教融合成为了高等教育的重要任务之一。

一、产教融合的基本内涵

（一）概念释义

产教融合，其中“产”是产业的简称，此处的产业主要指生产行业，即由不同分工且密切关联的企业或生产服务单位所组成的相对稳定、相对独立的国民经济部门或行业。“教”是教育的简称，此处的教育可视为国民经济的一个部门，是与其他产业并驾齐驱的一种产业类型。教育之所以成为一种产业，是由社会分工决定的，它从人类物质资料的再生产中独立出来，承担着与其他产业不同的社会职能。相较于其他产业创造物质财富、精神文化财富的功能，教育则主要负责为其他产业提供生产力要素，即人力资源。因此，教育与其他产业同为社会再生产中不可或缺的部分，彼此之间相互协作、相互促进，推动社会生产的有序发展。

对于“产教融合”的概念界定，学术界目前尚无定论，学者们也都是仁者见仁、智者见智。本文认为，产教融合有广义和狭义之分：广义上的产教融合主要指教育与产业的融合发展过程，是在“教育与生产劳动相结合”的教育方针指导下，贯穿于小学、中学、大学等所有教育阶段的活动。狭义上的产教融合特指在高等教育阶段和职业教育类型中，学校与政府、行业、企业围绕人才培养、技能培训、就业创业等开展的协同合作活动。

现如今，依然存在着将“产教融合”与“产学研合作”“校企合作”等同起来的现象，实际上，三者之间既有联系，又有差别。产教融合和产学研合作都强调校企合作，不过两者的合作对象、合作内容和合作紧密度都有所不同。产学研合作侧重于高校与企业之间的联系，注重技术研究与开发，一般采取项目式合作方式，即一个项目的完成则代表着合作的终止，具有短期性。与之相比，产教融合的参与主体更加广泛，合作内容除技术研究开发外，更注重于人才培养，并且这种合作往往具有紧密性、长期性。可以说，产学研合作是产教融合的组成部分。产教融合与校企合作也有不同。前者属于宏观层次，强调多维度的合作交流，后者则属于中观层次，是产教融合的“内核”。

(二)特点

产教融合作为一个宏观性概念,可以从国家创新驱动发展战略、人才结构性改革的角度加以考量,内含人才、技术、机构、平台、项目、文化等众多要素,是一个具有复杂性、整体性的系统。其中,合作主体相互融合、协同推进人才培养是产教融合的核心要义。因此,产教融合有着以下特点:

第一,育人性。这是产教融合的首要特点,要求合作主体共同培养符合社会需求的技术型人才。早在《国务院办公厅关于深化产教融合的若干意见》中就直接指出:深化产教融合的目的主要是适应人才供给结构性改革和国家创新驱动发展战略。其中,人才供给结构性改革主要针对当前我国出现的高校人才培养与市场实际人才需求相脱节的结构性矛盾,旨在通过一系列举措改善高校人才培养“千篇一律”、青年学生就业难的现状。创新驱动发展战略实质上是人才创新驱动发展战略,即通过提升人才资源的创新素养,驱动产业发展,使中国在日益激烈的国际竞争中站稳脚跟,毕竟国际竞争的实质是各国之间人才的较量。因此,产教融合作为推动人才供给结构性改革和创新驱动发展战略的重要举措,具有典型的育人性特点。

第二,融合性。这是产教融合最基本的特点。这种融合性既指合作主体,即高校、政府、行业、企业之间的融合,又指产教融合的内部要素,即人才、技术、机构、平台、项目、文化之间的融合。

第三,多元性。这一特点体现在三个方面:一是产教融合合作主体的多元性。当然,在众多主体中,高校和企业是最核心主体,其余属于多元参与主体。二是产教融合内部要素的多元性。其中,人才和技术属于核心要素。三是产教融合发展模式、管理体制、运行机制、评价机制、保障机制等的多元性。

第四,聚变性。产教融合作为一项系统工程,需要宏观、中观、微观三个层次的协同合作,通过聚集裂变效应产生最大效能。在宏观层面,需要国家加强顶层设计,完善相关法律法规以提供制度保障;在中观层面,需要省级部门承上启下,提供政策和资金支持;在微观层面,需要高校、企业等加强合作、规划具体实施路径,将产教融合落实到位。

（三）类型

开展“职业教育”“合作教育”，是国际社会的共同诉求，根据发展模式的不同，各国均形成了自己的特色表述，如美国的“CEB合作教育”、英国的“三明治”模式、日本的“产学官”模式等，而“产教融合”则是目前我国教育与产业密切合作的特色表达。根据合作支点的不同，我国的产教融合可以分为以下三种类型：

第一，以“项目”为支点的“点”状合作。这是产教融合起步最早、实施难度最小的类型，学校和企业多以单个、孤立的项目开展合作。比如，企业和学校共建校内实训中心，前者主要提供设备、资金支持等，或者学校在企业设立校外实践基地，安排学生定期开展实习、实践活动等。这种以项目为合作支点的产教融合类型虽然见效快，但大多数合作都局限于课程层面，合作的广度、深度不够。第二，以“平台”为支点的“线”型合作。这种合作类型是参与主体在项目合作的基础上通过构建合作平台、扩展合作范围、丰富合作内容，尝试形成人才培养的全方面合作。典型形式有订单培养模式，即在学生毕业前一年组建订单班级，以此为平台为企业定向培养人才。学校与订单企业共同拟定培养目标与培养方案，在教学、实训、实习等方面开展多方合作。这种产教融合类型解决了学生就业和企业员工招聘的现实问题，调动了双方的积极性，成效明显。但这种合作类型多局限于专业层面，且面向单个企业，合作的偶然性很大。第三，以“机制”为特征的“面”型合作。这种合作类型是指学校和企业共建冠名二级学院，并设立专门部门进行管理，学院运行机制完善，校企双方的合作由单向“线”型深化为多向“面”型，融合深度进一步拓展。经过多年探索，我国产教融合不断深化，形态上实现“点、线、面”的发展，层次上实现课程、专业、学院的演化，但是距离深度融合的目标还有不小的差距。构建多主体参与、多层次融合的共商共建共享系统，实现立体化、全方位的融合，是今后产教融合仍需不断努力的方向。

（四）理论支撑

开展产教融合的实践探索，需要有理论做支撑，本文主要分析三种理论：

第一,教育与生产劳动相结合的理论。这一理论是马克思主义关于教育的基本原理。马克思虽未明确提出"劳动教育"这一概念,但他多次阐述了"教育与生产劳动相结合"的思想。在论述未来社会的教育时,马克思指出:"未来教育对所有已满一定年龄的儿童来说,就是生产劳动同智育和体育相结合,它不仅是提高社会生产的一种方法,而且是造就全面发展的人的唯一方法。"[①]我国历来重视劳动在人才培养中的重要作用。2018年9月,习近平总书记在全国教育大会上提出要把劳动教育纳入社会主义建设者和接班人的要求之中,强调要坚持中国特色社会主义教育发展道路,努力建构德智体美劳全面培养的教育体系。产教融合正是"教育与生产劳动相结合"这一理论在学校教育中的具体体现。

第二,利益相关者理论。这一理论于20世纪中期在西方国家逐步发展起来,在20世纪后期迅速扩大影响,逐渐影响英美等国家的企业治理模式选择。弗里曼认为企业内的利益相关者是指对企业有重要影响力的个人或群体,其能影响企业目标的实现或在企业目标实现过程中被影响。[②] 随后,各学科开始对"利益相关者"进行研究,并结合各自的学科特色给出了相关定义。本文借助弗里曼的定义,认为产教融合中的利益相关者是指对产教融合产生重要影响的人或群体,如学校的领导与学生、企业行业的管理者、政府的领导层等,这些群体可以影响产教融合目标的实现,同时也能被目标实现后所带来的成效所影响。因此,在深化产教融合的过程中,如何科学有效地协调好利益相关者之间的关系尤为重要。

第三,人力资本理论。这一理论最早起源于对经济学的研究。20世纪60年代,经济学家舒尔茨和贝克尔一起创造了这一理论,为人类生产能力的提高提供了新思路。人力资本将人看成一种特殊的"资本",而人的资本价值表现为人所具有的生产知识、劳动与管理技能以及健康素质能为现在或将来带来经济价值的生产要素的存量总和。它与物质资本一样,都能促进

① 马克思恩格斯全集(第23卷)[M].北京:人民出版社,1972:530.

② 陈宏辉.企业的利益相关者理论与实证研究[D].杭州:浙江大学,2003.

产业与经济发展。在产教融合中，学生是最重要的人力资本，他们在未来工作岗位上的价值将直接影响着企业参与产教融合的积极性，从而影响产教融合持续、有效发展的可能性的大小。因此，在深化产教融合的过程中，要不断增加学生身上的生产要素存量，提高学生的就业竞争力。

二、我国产教融合的发展历程与建设规律

产教融合是我国经过多年研究、探索而形成的一条特色职业教育发展道路。2017年国务院办公厅颁布的《关于深化产教融合的若干意见》，肯定了我国职业教育现有的产教融合模式，系统化总结了我国在产教融合领域的发展经验。因此，梳理改革开放四十多年来产教融合的发展历程，从中挖掘规律、审视问题，对完善新时代产教融合发展道路具有重要的理论与现实意义。

（一）发展历程

1.联合办学阶段（1978年—1992年）

这一时期，我国开始实行计划经济向市场经济的过渡，体制改革成为社会各领域的核心主题，我国的职业教育也有所动作，主要体现在三个层面：

宏观上，要求“经济部门与教育部门加强合作”。由于这一时期国家财力有限，为扩展职业教育的规模，只能采取“大家办”“联合办”的方式，因此，相关职能部门的通力协作就格外重要。早在1983年5月，教育部、劳动人事部、财政部、国家计委就联合发布了《关于改革城市中等教育结构、发展职业技术教育的意见》，该文件提道：“各级政府要加强统一领导，有关部门要明确分工，各负其责，搞好协作。”1986年5月，国家相关部门联合成立职业技术教育委员会，主要负责协调各部委、各有关部门和地方各级的职业技术教育工作。国家教育委员会、国家计划委员会、国家经济委员会于1986年6月联合颁布了《关于经济部门和教育部门加强合作促进就业前职业技术教育发展的意见》，针对教育部门和经济部门怎样深入交流合作提出具体要求，此举措也给各地方级别在具体落实相关措施指明了行动方向。

中观上，实行“行业、企事业单位办学和各方面联合办学”。在相关政策的指示下，各地根据现实需要与地方特色开展了联合办学实践，涌现出一大

批的典型案例，如河北唐山市、湖北沙市、福建厦门市、山东青岛市、吉林农安县、湖南株洲市等。这些地方的联合办学实践都是当时我国职业教育改革的缩影，既有成功经验，也有教训反思。

微观上，强调“学校与企业共建校外实习实践基地”。这一时期，国家陆续下发了一系列指导意见，要求各职业学校加强学生的实习实训，帮助学生实现理论学习与动手实践的结合。在政策的指导与支持下，一批批的校办工厂和校外基地建立起来，各方的积极性得到很大发挥，取得了良好的经济、社会效益。

2. 产教结合阶段（1992 年—2001 年）

颁布于 1991 年的《国务院关于大力发展职业技术教育的决定》（国发〔1991〕55 号）中十分明白地提出“提倡产教结合，工学结合”之思想；中共中央、国务院在 1993 年颁布的《中国教育改革和发展纲要》中也再次明确：“要在政府的指导下，提倡联合办学，走产教结合的路子，更多地利用贷款发展校办产业，增强学校自我发展的能力，逐步做到以厂（场）养校。”此时“产教结合”的政策话语体系在宏观层面强调教育与经济的结合发展，在中观层面倡导企业兴办职教，在微观层面注重教育与生产劳动结合。但在具体实践中，中观层面的产教结合并没有按照政策预期发展。受市场经济意识影响，有一些人认为，教育不应只局限于一个教育实体，更应该成为经济实体与人才培训实体，从自身发展向以校养校、以职养职去过渡，让学校逐渐步入自负盈亏、独立自主的方向。[①] 因此，相比于企业兴办职业教育，校办企业在这一时期开展得如火如荼，“专业产业化、产业专业化”成为了当时职业教育产教结合的主要形态。这种学校与企业关系的弱化，使得学校的人才培养脱离了企业的实际需求。因此，我国从 90 年代后期之后，就在政策布局上打开企业和学校合作的局面。

3. 校企合作阶段（2002 年—2012 年）

一直以来，我国政府都鼓励在职业教育领域开展校企合作，但实际效果

① 李犁. 坚持走产教结合、自我发展之路[J]. 教育与职业，1992(12)：23－24.

并不明显。因此，这一时期主要通过建构政策体系、治理体系、文化推动机制助推校企合作的实现。

首先，完善引导和推进校企合作的政策体系。我国颁布出台了大量政策，甚至是专项政策，以促进和指导校企合作。比如，在宏观政策上，对职业教育管理体制、办学体制和人才培养模式等提出指导性意见，明确校企合作的推进路径。其次，建立和完善校企合作的治理体系。2004年，国务院批准建立《职业教育工作部际联席会议制度》，负责统筹协调全国职业教育工作，督促、检查、指导有关政策措施的落实。2010年成立了全国职业教育改革创新指导委员会，使有关职业教育的决策更加民主化、科学化和专业化。后来成立的行业职业教育教学指导委员会，从深层次上提高了企业、行业在校企合作中的地位。最后，构建认识和宣传校企合作的文化引导机制。这一举措主要是针对历史遗留的鄙薄职业教育的错误认识，营造重视职业教育的文化氛围。比如，建立职业院校技能大赛制度、开展职教宣传和产教对话活动等。通过一系列的努力，我国职业教育校企合作的局面逐渐打开，各地区的职业院校根据自身实际情况探索出了多种校企合作形态，如订单式培养模式、校企冠名二级学院、在企建校或引企入校等。

4.产教融合阶段(2013年至今)

经过联合办学、产教结合、校企合作的发展，“产教融合”已经成为新时代我国职业教育发展的核心词汇，这种融合是多层次、多维度的融合，从而实现“产”中有“教”，“教”中有“产”。这一时期，在政策推动、试点带动、文化机制促动下，产教融合呈现出前所未有的生机与活力。

首先，以政策推动建构产教融合大格局。这一时期的政策体系主要表现为三个特征：一是配套性、指向性变得更清楚，也就是说政府更加确定了在产教融合领域里要重点做什么、由谁做、如何做。二是协同治理属性更加凸显。纵观改革开放四十多年来我国职业教育的发展，部门之间的协同配合、上下联动一直是推进产教融合的重要保障，这也是我国政府在职业教育领域实行公共治理的重要体现。三是跨域协同性与匹配性增强。我国针对产教融合颁布的政策文件中，注重从不同维度、视角对其进行方向性指引，强调政策之间的协调性、匹配性。

其次，以试点带动提升产教融合质量。这一时期我国十分重视产教融合中的示范问题，重点推进试点工作，形成了几种典型的产教融合模式。一是职业教育集团化办学。1992 年，我国出现了第一家职业教育集团——北京蒙妮坦美发美容职业教育集团，随后职教集团的数量不断增强，尤其在这一时期，我国职业教育集团的发展呈欣欣向荣之势，成为了独具中国特色的职业教育发展模式。二是现代学徒制。李克强总理于 2014 年 2 月在国务院常务会议上提出“开展校企联合招生、联合培养的现代学徒制试点”的任务布局部署，随后我国就开展了相关的试点工作，经过几年的实践探索，现代学徒制的推行取得了不少令人可喜的成果。三是股份制、混合所有制职业教育办学。这一模式是在市场经济体制下让市场发挥关键作用的重要探索，虽然目前政策体系、治理机制尚不健全，很多地区也持观望态度，但这类产教融合模式将是未来职业教育发展的重要形式。

最后，以文化机制推动形成产教融合的大平台。文化是推动产教融合的隐性力量，这一时期我国十分重视职业教育领域的文化建设。一是搭建职业教育活动平台。2015 年我国建立“职业教育活动周”制度，通过每年活动周的成功举办，职业教育的影响不断扩大。二是搭建产教融合对话平台。三是搭建全国职业技能大赛平台。这些形式多样、内容丰富的文化活动，推动了产教融合的发展。

（二）建设规律

纵观改革开放四十多年来我国职业教育的发展，产教融合一直是其发展创新的主线，虽在各个阶段都有不同的表现形态，但却是我国职教发展经验的高度凝练，其中所蕴含的建设规律与经验教训对今后产教融合的发展有着重要的指导意义。

1. 发挥政府主导作用，实现职业教育与经济社会发展的同向同行

注重职业教育与经济社会发展的同步规划、同向发展，是推进产教融合的基本规律，亦是逻辑起点。从 1985 年的“中等职业技术教育要同经济和社会发展的需要密切结合起来”，1986 年的“经济部门和教育部门加强合作，是促

进职业技术教育发展的重要途径”，到1991年的“要面向社会实际需要，合理规划职业技术学校的布局和专业设置”，1993年的“发展职业技术教育要与当地经济发展的需要相适应”，再到2002年“推进管理体制和办学体制改革，促进职业教育与经济建设、社会发展紧密结合”，2010年“把职业教育纳入经济社会发展和产业发展规划”，2014年的“同步规划职业教育与经济社会发展”，直至2017年的“统筹职业教育与区域发展布局”[①]，可见，这种由政府主导、同步规划职业教育与经济社会发展的政策部署一直明确而清晰。实践也证明，这种顶层设计能够调动各方积极性，提升多重效益，推动产教融合的发展。

2. 注重跨界资源的协同治理

产教融合是跨界的融合与合作。从纵向看，这种跨界主要体现在三个层面：一是宏观层面的跨界融合，表现为国家不同部门、不同领域共同制定、出台有关产教融合的指导性意见；二是中观层面的跨界融合，表现为学校、行业、企业等开展实质性合作；三是微观层面的跨界融合，表现为学校专业与企业岗位或产业的对接、学校课程内容与行业职业标准的对接等。总之，我国产教融合的每一发展阶段都是按照这样的架构体系而开展的。从横向看，改革开放四十多年来我国产教融合的发展，从20世纪80年代的联合办学到90年代的产教结合，又到21世纪初期的校企合作，再到如今的产教融合，跨界资源的协同治理一直作为一条基本规律贯穿其中。推进产教融合是一项结构复杂、因素众多的系统工程，必须多方发力、协同配合。但在实践过程中，这种多方合作并未如预期一般对产教融合产生持久而有效的影响，究其根本，由于制度体制、管理体制、评估体制等存在的缺陷，使得各方只是协调、配合，却并未形成协作制度。因此，如何深度开发利用各方资源，发挥各方协同合作作用，是今后产教融合仍需解决的问题。

3. 发挥行业、企业重要主体作用

改革开放初期，我国职业教育大多以部门办学为主，部门办学体现出与

---

① 周晶.中国职业教育发展的根本方向——40年来职业教育产教融合发展的历程、规律与创新[J].职业技术教育，2018，39(18)：6－16.

经济社会发展结合度高、经费来源广、师资实践水平高、毕业生就业录用率高等方面的优越性。[①] 但是,随着经济环境的改变、教育管理体制的变革以及自身存在的缺陷,部门办学逐渐不适应经济社会的发展。一是受紧缩性财政政策的影响,部门办学的经费不断缩减,而自身又存在经济来源不足的问题;二是统招、统包、统分的招生与就业制度的终结,使得部门办学的优势逐渐消失;三是部门办学多各自为政、互相封闭,人财物资源利用率低。在这些因素的影响下,部门办学逐渐退出我国职业教育发展的中心舞台,行业、企业办学的优势日益凸显。如今,在社会主义市场经济深入发展的社会背景下,深化职业教育产教融合需发挥行业、企业的重要主体作用,实现学校人才培养与行业人才需求的对接,解决当前的人才供需矛盾。但值得注意的是,在发挥行业、企业的重要主体作用的同时,应加强政府引导,毕竟我们的教育是中国特色社会主义教育,所培养的人才是为社会主义建设服务的,这是教育的根本政治方向,也是产教融合必须遵循的原则。

第二节　产教融合给"课程思政"建设带来机遇与挑战

产教融合是高等职业教育人才培养模式的显著特征,也是高职院校生存发展的必由之路。显而易见,在产教融合这样的新背景之下,思想政治教育已经不仅仅局限在课堂这方寸之地,而是与许多实践因素交融。通过众多的实践平台,学生可以走出课堂,接触到更广阔的外界社会。这种教育环境的改变需要高职院校思想政治教育做出相应调整,面对新情况,解决新问题。"课程思政"作为学校思想政治教育的重要组成部分,需要妥善处理产教融合带来的机遇与挑战,建构思想政治教育共同体,提升高职院校育人实效。

一、产教融合为"课程思政"带来的机遇

产教融合为高职院校"课程思政"建设提供了全新的平台,与以往相比,

---

① 赵满生,朱枝富,王展鹄.联合办学:职业技术教育走出困境的现实选择——盐城市市区中等职业技术教育调查报告[J].教育理论与实践,1990(04):15-19.

它在教育主体、教育内容、教育形式等方面均发生了变化，为“课程思政”建设带来了机遇。

第一，丰富了教育主体。在产教融合的人才培养模式下，高职院校除开展传统的课程教学、课堂教学外，还可以通过订单培养、定向培养、顶岗实习等方式让学生走出课堂，接触到企业、行业和其他社会力量。在这样一个相对开放的教育教学体系下，高职院校学生在接受学校人、物、环境等影响的同时，还受到企业、行业以及社会环境的影响。于是，就“课程思政”的教育主体而言，除了学校的课程教师之外，实习企业的指导教师、管理人员以及一些相关的社会人员，都会在学生的实习过程中给予其积极、正面的影响。因此，在产教融合背景下，高职院校“课程思政”的教育主体实现了多元转变。

第二，丰富了教育内容。产教融合的人才培养模式要求教育内容必须体现职业性和实用性。这就要求高职院校的“课程思政”在教育内容上不仅要引导学生树立正确的世界观、人生观、价值观，还需围绕学生在实习中面临的困难与思想疑惑，引导学生养成良好的职业道德与职业素养，自觉遵守行业规则。因此，要着重培养学生的责任意识与敬业精神，帮助学生提升沟通、协作能力，从而使其更好地贴近专业、贴近社会。

第三，丰富了教育形式。教育部规定：“高等职业院校要保证在校生至少有半年时间到企业等用人单位顶岗实习。”[①]在产教融合模式下，高职院校学生的学习一般表现为“校内学习＋单位实习”的形式。在校内学习阶段，“课程思政”通过在专业课、通识课等其他课程中渗透思想政治教育，实现知识传授与价值引领的有机统一。在单位实习阶段，学生被安排到不同的单位实习，由于地点分散、时间交错，“课程思政”无法依托统一的课堂教学，转换教育方式势在必行。因此，一些高职院校根据实际情况开始了研究探索：一是实行企业导师制。企业导师是学生在实习过程中的主要负责人，关照学生的学习与生活，不论是在专业指导、技能培训还是日常的生活相处中，企业导师都能在有意识地计划或无意识的感召中给学生以正面影响。二是

① 教育部.关于全面提高高等职业教育教学质量的若干意见[Z].教高〔2006〕16号.

举办专题讲座。针对一些专业问题邀请大师、名匠进行深入浅出的讲解，学生既可以从讲座内容中领略专业的魅力，也能从授课专家身上感受榜样的力量。三是发挥企业文化的育人功能。文化是种隐性而有力的力量，健康、积极的文化氛围可以使学生受到潜移默化的影响，养成吃苦耐劳、奋发向上的精神。这些方法各具优势，也各有不足，但都是高职院校“课程思政”在产教融合背景下对教育方式、方法的探索与创新。

第四，凸显了学生的主体地位。在产教融合这一人才培养模式下，学生进入实际工作岗位后，除去其学生身份，同时也是一名企业员工，这种双重身份使他们比普通在校学生更有机会“在学中做，在做中学”。学生可以在实习实训过程中，查找自身知识与能力的不足，进而增强学习的积极性与主动性；可以在与企业导师和同事的相处中，感悟榜样力量，学习优秀品质；可以在企业文化的影响下，领会企业精神，提高适应能力。总之，学生参与企业生产实践的过程，既是内化理论知识的过程，也是体验、思考、感悟的过程，更是学生发挥自身主体性，提高其在思想道德领域内认知能力和实践能力的过程。

二、产教融合对“课程思政”带来的挑战

产教融合直接表现出我国职业教育全新的价值方向与取向，那就是从封闭传统的学校教育转向开放创新的社会教育，由以往的以理论学习为主走向以实践经历过程为主。这一模式为高职院校的“课程思政”建设注入了新的活力，但不能忽视的是，也使“课程思政”面临更为严峻的挑战。

第一，教育主体的多元性，影响了“课程思政”的实效性和连续性。“课程思政”的教育主体作为思想政治教育活动的发动者、组织者和实施者，其自身素质的不同，将带来不同的教育结果。前文提到，在产教融合背景下，“课程思政”的教育主体实现了多元转变，理论上由学校和企业共同担任，这既是产教融合带来的机遇，也是挑战，其中的风险性主要集中在企业层面。一方面，学校与企业对思想育人的重视程度不同，将导致“课程思政”的衔接断裂。高职院校是中国特色社会主义高校的组成部分，坚持社会主义办学

方向，历来重视对学生的思想政治教育。而对大多数企业而言，经济利益是第一位的，相比于思想育人，更重视对员工的技能培训、岗位培训等，这种“重经济、轻思想”的价值取向与“课程思政”育人理念发生冲突，容易使学生在进入企业实习后，出现思想政治教育的“盲区”。另一方面，企业相关人员的思想政治教育工作能力将影响“课程思政”的有效性。从目前产教融合的现状看，高职院校合作的企业大多是中小型私营企业，这些企业由于起步较晚，自身的文化历史还不长，一些制度体系还在健全与完善中，企业管理者虽有对企业员工开展思想政治工作的经验，但要在把握学生身心特点的基础上对其进行思想政治教育，还是有一定挑战难度的。与此同时，“课程思政”侧重的是一种隐性教育，这就要求企业相关人员具备在技能培训中挖掘思想政治教育资源的能力。当然，这种思想政治教育工作能力的提升是建立在企业愿意同学校一起承担思想育人使命的基础之上的，然而有部分企业很少考虑学生实习期间的思想政治教育工作。

第二，教育客体的双重性，弱化了“课程思政”的固有成果。“课程思政”的教育客体作为思想政治教育活动所作用的对象，容易受到教育主体和教育环境的影响，具有极强的可塑性。在产教融合的人才培养模式下，学生由原来的一元身份转变为学生与员工并重的二元身份。由于学校与企业之间存在着价值取向、制度体系、文化氛围等方面的不同，容易使学生在进行角色转换时产生思想困惑。如果不进行正确的引导，学生就会怀疑其在学校所接受的思想政治教育的正确性与科学性，“课程思政”乃至整个学校思想政治教育的成效都会有所弱化。

第三，教育环境的复杂性，增加了“课程思政”的不可控性。“课程思政”的育人成效容易受外部因素的影响，在产教融合的背景下，“课程思政”比之以前将处于一个更立体、更多维、更复杂的环境下，从而使其风险性增大、可控性减弱。一是社会环境由原来封闭、单一的学校环境转变为开放、多元的企业环境。相比于普通的在校学生，高职院校的学生可以更直接、更全面、更深入地接触社会，在了解多元文化、认识社会现象的过程中实现自身思想道德领域内公民意识、责任意识等的生成发展。另外，“文化的多元带来了价值观的多元，从某种意义上来说，致使原来的社会道德、价值共识逐步丧失。"[①]学生在面对形形色色的多元文化时，由于缺乏较为成熟的辨别是非的能力与理性判断的能力，可能会在某刻对马克思主义理想信念、集体主义观念等产生怀疑或否定，而思想政治教育者由于种种原因未能及时知晓并做出相应反馈，这将对学生价值观的形成产生严重的负面影响。二是时空环境由原来相对集中的课堂教学环境转变为较为分散的企业实训环境。以往的"课程思政"基本上都是在学校进行，课程教师依托课堂教学渗透思想政治教育，上课时间、地点集中且固定，教学效果相对较好。而在产教融合的人才培养模式下，学生在不同的时段被分到不同的企业进行实习实训，流动性和分散性增强，学生的受教育时间也无法连贯，这就给"课程思政"加大了难度。三是文化环境由原来好学修德的校园文化转变为鱼龙混杂的社会组织文化。在这种文化氛围的浸染下，学生在学校所建构的意识形态体系易受到冲击，有可能陷入道德和价值迷失的沼泽，如果不及时引导与矫正，"课程思政"的实效性将大打折扣。

三、建构产教融合视域下的思想政治教育共同体

随着国家一系列促进职业教育高质量发展政策的密集落地，社会对高职教育的人才培养质量赋予了更高期待，同样也对高职院校的相关思想政治教育工作提出更多的要求。目前来看，在产教融合的大背景下，学校与企业的育人合力还未有效发挥，面对新时代职业教育的改革发展要求，构建"同向同行、协同育人"的思想政治教育共同体，是今后高职院校思想政治工作的关键所在。

(一)思想政治教育共同体的内涵解析

共同体(Community)一词源于希腊语 koinonia，意指"相同""团体""社会"等，其思想渊源可追溯到古希腊先贤思想。鉴于思想政治教育自身的学

① 冯建军，傅淳华．多元文化时代道德教育的困境与抉择[J]．西北师大学报(社会科学版)，2008(01)：35－40．

科特色，思想政治教育共同体有其独特的学科内涵与特征：第一，共同的信仰认同，这是思想政治教育共同体赖以存在与发展的基础。威尔逊认为，"信仰能够给予人生以最广大的意义，在解释与构筑人生方面，它比科学具有更大的作用。"[①]因此，只有当人们的价值观、情操、信念等保持一致时，一个共同体的出现才有可能，而成员心理情绪和精神状态的一致性将成为共同体的"黏合剂"和"助推器"，使得共同体不断发展壮大。思想政治教育共同体成员的信仰认同，从终极意义上讲，就是对马克思主义的坚定信仰，而正是在这一终极信仰的统领下，共同体成员具有了共同的政治信仰、文化信仰、道德信仰、教育信仰等。第二，共同的文化特质。思想政治教育共同体的界定不适应于其他学科的认定原则，不能从表层的组织结构加以分析，而必须考察深层次的文化特质。这些特质包括意识形态取向、价值观念、道德品质、行为规范等，只有当成员们的文化特质彼此契合时，共同体的内核才具有高凝聚性，这既是思想政治教育共同体得以维系的纽带，也是共同体成员间彼此了解的源泉。第三，具有鲜明的实践目标指向。思想政治教育共同体的使命在于促进国家建设、助力民族复兴、实现人的全面发展，这是共同体存在的价值与生命力。正是因为这种鲜明的目标指向使得思想政治教育共同体的文化精髓得以传承。综上，思想政治教育共同体是基于共同的信仰认同、共同的文化特质以及鲜明的目标指向而形成的具有内在一致性的有机体。

（二）产教融合视域下建构高职院校思想政治教育共同体的路径思考

在产教融合的背景框架下，高职院校提升思想政治教育的实效性需要打破原有的狭隘思维与体制藩篱，将校内外多重育人主体统一起来，这既包括传统的思想政治工作队伍，也包括"课程思政"建设队伍以及与高职院校合作的企业、行业等，使之共同凝聚在立德树人这一教育的根本任务下，形成全员育人体系，建构思想政治教育共同体。

第一，树立共同的价值追求。从自然意义上看，高职院校与行业、企业

---

① 〔英〕威尔逊.社会与宗教[M].梁鸿飞等译.成都：四川人民出版社，1991：385－386.

属于两种不同的组织，前者的责任与使命是向社会输送本领过硬、品行俱佳的技术技能人才，而后者则以竞争逐利、适者生存为目标，两者的价值取向貌似是相冲突的，毕竟一方注重社会责任，一方强调私人利益。但从现实意义上看，并不存在完全分割的市场利益与社会责任。高职院校在承担培养技术技能人才的社会责任时，它所提供的职业教育能够帮助学生谋得一份体面的工作，而企业、行业在追求市场利益的同时客观上也推动了社会的发展，实现了社会利益的增长。因此，高职院校与企业、行业之间存在着利益共生点，而正是这种价值相通之处成为了两者构建思想政治教育共同体的责任支点。一方面，政府要发挥主导作用，承担宏观治理责任，通过提供政策支持、资金支持等推动高职院校和行业、企业形成命运共同体；另一方面，高职院校和企业也要共同发力，承担育人职责。学校要坚持立德树人任务，培养企业认可和社会信任的技术技能人才。企业需积极融入职业教育，发挥好应有的职业技能培训功能，从而在真实的生产环境中培养出企业所需、市场所要的技术技能人才。

第二，塑造相通的培养标准。衡量高校教育质量的重要指标之一就是思想政治教育水平。在个体价值观与人生观逐渐完整的过程中，高等教育阶段的思想政治教育将产生十分重要的影响。[①] 因此，在产教融合的背景框架下，思想政治教育需要融入高职院校人才培养的全过程。首先，将思想政治教育融入人才培养标准。高职院校人才培养标准的确定需要考量三个维度因素，即国家要求、行业企业需求以及学校期许，只有将这三者融合起来，在人才培养方案中明确思想政治教育目标，在教育教学过程中体现思想政治教育过程，在人才输送中呈现思想政治教育实效，这样才能够顺利培育出优秀的社会主义接班人和新时代建设者。其次，将思想政治教育融入课程教学过程。课程教学是人才培养的主要载体，因此，要充分发挥思想政治理论课的主渠道与主阵地作用，同时在专业课、通识课等其他课程中大力开展“课程思政”建设，实现协同育人。最后，将思想政治教育融入技能实践。培

① 蓝文思.高校思想政治教育的两个着力点[J].人民论坛，2018(22)：126－127.

养技术技能人才，需要在真实的生产生活实践中加以锤炼、锻造。因此，高职院校要让学生在真实的生产环境中提升技能、增长才干，并在社会实践中增强服务意识和责任意识。

第三，构建相融的精神共同体。这是解决产教融合过程中学校与行业、企业存在“两张皮”问题的关键所在。构建高职院校思想政治教育精神共同体可以从以下三个方面加以把握：首先，形成共同的信仰。在产教融合的背景下，高职院校和行业、企业应基于立德树人目标，坚持共同的政治信仰与职业诉求，摒弃本位主义，增强集体意识和凝聚力，形成整体效应。其次，形成可靠的承诺遵循。这是校企合作的前提条件，也是社会主义市场经济下市场契约精神的重要体现。最后，形成共通的文化交融。学校和企业是两类不同性质的组织，文化环境大不相同。因此，为确保思想政治教育的连续性与有效性，需要实现学校文化与企业文化的互融互通，既要将职业文化带入职业课堂，也需将优秀传统文化、革命文化、社会主义先进文化等带入生产过程。

第四，构筑健全的机制保障。就目前而言，多数高职院校思想政治教育工作的开展仍以学校为主体，企业的育人力量未能得到有效发挥。因此，构建思想政治教育共同体，需要突破原有的教育范围，进一步加强机制建设与组织保障，深化学校与行业、企业在思政育人方面的合作，发挥多主体的共生效应，形成教育合力。首先，在认知层面上，与高职院校合作的相关企业、行业应积极响应国家政策要求，主动配合高职院校推进“课程思政”建设，并在立足本企业、行业特色的基础上，凝练好“课程思政”的育人目标，明确其在“课程思政”建设中的具体责任。其次，在实践层面上，高职院校开展“课程思政”，要牢牢抓住产教融合带来的契机，紧密结合合作企业，开展有特色的“课程思政”。例如，结合企业文化、结合工匠精神进行“课程思政”建设。

第六章　高职院校“课程思政”建设现状

“课程思政”是构建新时代高校思想政治教育协同育人格局的必然要求，随着这一理念日益深入人心，我国各类院校逐渐掀起了一股关于“课程思政”建设的热潮，探索出了不少关于“课程思政”建设的典型案例。但从整体来看，目前并未形成可复制、可推广的建设方案。因此，高职院校进一步推进“课程思政”建设，需要分析研究以往建设过程中存在的问题及面临的现实困境。

第一节　我国各类院校“课程思政”建设的典型案例

“课程思政”的实践探索起源于上海市教委在基础教育领域推行的“学科德育”，在取得较好效果的基础上，上海市开始在高校全面试点“课程思政”。在全国思想政治工作会议以后，“课程思政”理论探索与建设实践百花齐放，形成了特色鲜明且具有辐射作用的区域、校本和专业类“课程思政”总体布局①，涌现了一大批“课程思政”建设的典型案例。

一、由教育行政部门统一布局，打造具有区域特色的“课程思政”

上海高校：“中国系列”思政课程

上海高校在上海市委的统一谋划下，积极打造“4＋1＋X”的思政课教学体系，提高全体教师“思政育人”能力。其中，“4＋1”即“05 方案”规定的 4 门

① 万力.高校“课程思政”研究与实践的四维综述[J].西昌学院学报(社会科学版)，2019，31(04)：49－53，108.

思政必修课程和“形势与政策”课程；“X”即“思政选修课”，以“课程思政”的形式呈现。

2014 年，上海大学先行先试，率先开设了“大国方略”思政课程。该门课程定位广泛，属于面向本科生的通识课，没有专业、年级和先修课程的门槛，任何学生都可以自愿选修。为了打破学生心中“理论学习是枯燥的”刻板印象，“大国方略”课程团队创造性地运用中国传统传播方法，大量采用充满禅意的故事，为思想调味，强调理论的可欣赏性，在学生会心一笑，头脑窗户打开的瞬间，给心灵以思想的沐浴。为了提高学生的参与度，“大国方略”的每堂课都以“设问”开始，如“中国是一个大国吗?”“中国梦，谁的梦?”“中国龙是 Dragon 吗?”这些问题的设计既紧扣课程内容，也符合大学生的认知结构与思维特点，能够在第一时间就将学生引入思考和表达的氛围之中。为了保持学生的新鲜感、好奇度，“大国方略”课程团队在每学期的备课中，都会根据形势变化带来的最新新闻调整题目，并重新设计提问步骤，这些做法不仅能让学生感觉到课堂上永远有新的东西，更让他们意识到，只要掌握了理论，“太阳底下没有新东西”。“创新中国”是上海大学继“大国方略”后推出的又一思政选修课，这两门课程都摈弃了传统的授课方式，不再由一位教师主讲到底，而是采取了独具特色的“项链模式”，即集中不同领域中有所专长的教授，各讲一段，借助课程内在的逻辑链条，形成整体的教学效果。这种大腕云集、师资高端的团队授课在学生群体中引起了热烈反响，教学效果也十分可观。有学生评价到：“‘大国方略’给我们的最大教益就是对于同一个问题，我们知道了可以有不同的想法，有不同的结论。”

上海大学的率先垂范取得了良好的育人效益，随后几年，在上海市委的统一部署领导下，上海各高校加强顶层设计、推进机制革新，陆续开设了多门结合时代特征与学校特色的“中国系列”思政课程，如复旦大学的“治国理政”、东华大学的“锦绣中国”、上海交通大学的“读懂中国”等。这些课程内容生动、形式活泼，直面大学生群体的社会关切、理论关切和人生关切，不仅提高了课堂的“抬头率”“点头率”，也引起了社会的广泛关注。虽然各所高校的课程特色鲜明，但它们仍呈现出一些整体性特征，其中最为显著的一条就是校领导开讲思政课正成为一道亮丽风景。例如,东华大学党委书记朱民开讲"锦绣中国"系列课程第一课,以几代纺织工作者为国为民的艰苦攻关为切入点,勉励师生坚定奉献报国的信念。上海交通大学党委书记姜斯宪开讲"读懂中国"课程,结合个人工作经历,结合三个"上海故事",为学生讲述改革开放以来上海以及中国发展变化的历程,帮助学生理解中国特色社会主义。

二、依托校地资源,探索具有校本特色的"课程思政"

北京联合大学艺术学院:溯源红色"课程思政"

北京联合大学艺术学院把传承弘扬红色文化作为其重要的办学特色,以溯源红色引领"课程思政",通过建设特色课程、研究创作项目、开展主题实践活动等,将红色文化传承渗透在艺术学科专业的方方面面,以此落实立德树人根本任务,培养德艺双馨艺术人才。

艺术学院表演专业在2016年的专业课程教学中结合廉政教育,将"反腐倡廉"通过教学剧目《这是最后的斗争》呈现出来,在剧目排演与教学中深入探讨当今的价值观念冲突及信仰的确认、坚持、困惑和判断问题。通过剧情逐步展开,正确的思想倾向和价值观念得到张扬,公平、公正、清廉的价值观使全体演职人员的心灵得到了净化。与此同时,经过两年的实践与探索,表演专业以台词类"语言基本技巧"课程为主要突破口,创作了《中华的脊梁》系列演颂,通过对"红色"文学作品的演颂,使师生感悟先辈们的精神与情感,领略中华民族伟大精神中自信的力量、信仰的力量。

艺术学院美术专业的教师团队则利用专业课程教学的有利途径,把2017年北京文化艺术基金项目"溯源红色——北京革命历史遗址采风创作展"以首都北京丰富的革命历史遗址资源为依托,开展师生采风创作活动,并举办展览。教师带领学生在采风过程中将挖掘到的革命历史题材作为文艺创作素材,并引导学生自觉参与到革命遗址保护和宣传教育中去。2017年,以艺术学院举办的"溯源红色师生主题创作展"为基础,由北京联合大学等5所高校承办的"喜迎十九大,服务北京'四个中心'建设——北京高校师生主题展”在北京市属高校巡展，引起了强烈的社会反响。师生在了解历史遗迹的过程中，唤醒了自己的良知与记忆、斗志与发展的梦想。

另外，艺术学院还积极将思想政治教育融入主题实践活动中。2017年3月，艺术学院党委响应学校党委积极帮扶房山区十渡镇马安村的要求，在实地走访调研后，成立了一支由数字媒体系学生第二党支部、学生工作办公室党支部和马安村党支部三方组建的“文化精准扶贫”团队。根据马安村党支部提出的挖掘“抗日模范村”红色文化资源的需求，并在其所提供的历史文化档案资源基础上，学工办党支部编制完成由辅导员、专业教师和学生骨干共同参与的文化精准扶贫计划，数字媒体系学生第二党支部的学生党员则带领一批团学骨干具体落实。在9个月的帮扶共建过程中，一百多位师生顶烈日、战酷暑，不分昼夜地为红色马安量身绘制家乡文化景观，建立视听文化档案，丰富的艺术创作作品让马安村的村落街巷中呈现出社会主义新农村和昔日“抗日模范村”交相辉映的生动场景，这个项目也获得了北京高校红色“1+1”示范活动二等奖。

大庆师范学院：打造“大庆精神、铁人精神”红色文化教育体系

大庆师范学院始终将传承弘扬以“爱国、创业、求实、奉献”为主要内涵的大庆精神、铁人精神作为自觉责任和时代使命，坚持用大庆精神、铁人精神办学育人，把铁人精神贯穿于育人实践全过程。近年来，学校党委深入贯彻落实全国、全省高校思想政治工作会议精神，构建了基于大庆精神红色文化资源转化为主要内容的全员、全程、全方位育人格局，将大庆精神融入思想政治理论课主渠道、开设特色课程、深掘各类课程的思想政治理论教育基因，实现“思政课程”与“课程思政”的同频共振、同行同向，取得了良好的育人效果。

大庆师范学院的思想政治理论课教学坚持以学生为中心，采取“一主三辅”的育人方式，推进大庆精神铁人精神与课堂教学的深度融合。一方面，以《思想道德修养与法律基础》为主，实施“飞沙式”融入方式，形成了“5个1”的教学模式：“说1个”——说一个大庆精神铁人精神的内涵、“三老四严”和“四个一样”等的内涵及对学生自己的启示；“讲1个”——讲一个会战传统故

事;"唱一个"——学唱一首石油会战歌曲;"融1个"——按照铁人精神融入明细表,在课堂教学中融入一个教学案例讲授教学内容,使教学内容活化;"做1个"——在实践教学中,围绕"铁人精神"这个主题设计实践教学方案,让学生做一个再现创业年代的故事的微视频、微电影或编演一个"铁人情景短剧"等。另一方面,以"马克思主义基本原理概论""毛泽东思想和中国特色社会主义理论体系概论"和"中国近现代史纲要"三门课程为辅助,采用靶向式定点融入方式,精心设计教学内容,进行大庆精神铁人精神的案例融入,结合教学重点,实现教材内容向教学内容的转化。

另外,大庆师范学院充分挖掘当地人文资源优势和大庆精神铁人精神的教育资源,精心打造特色红色课程——"铁人精神十讲"。该门课程在教学内容上分别从铁人精神产生的历史背景,铁人王进喜的价值追求、工作精神、情感世界、人格魅力、哲学智慧、社会影响、历史贡献,铁人精神的丰富内涵和时代价值分十个专题对铁人精神进行多视角、深层次、全方位的解读;在教学方法上除了采取专题式教学、互动式教学外,还采用现场教学和访谈式教学方式,用真人、真事、真情营造真实的情境,引发学生的情感共鸣,强化教育的内驱力和渗透力。通过组织同学们参观大庆历史陈列馆、铁人纪念馆、松基三井等场所,利用场馆内现代化的声、光、电设备以及具有鲜明主题的布景布展,向学生系统讲述大庆油田以及铁人王进喜奋斗的一生。通过邀请铁人身边的战友、历史事件亲历者,讲述铁人王进喜生活和工作中的点滴小事,激励当代大学生像铁人王进喜一样爱祖国、爱人民,有理想、敢担当,能吃苦、肯钻研。这些方式把静止、平面的历史资源转化为鲜活、立体的育人教材,能够帮助学生多角度、多层面地了解历史,以感受精神的力量。与此同时,大庆师范学院还按地域和学校文化特色,打造了一批具有学校特色的文化素质和职业技能类课程,如"铁人精神纵横谈""一起来做口述史""创业歌声:大庆石油歌曲鉴赏""石油工业概论"等,既有助于营造学校特色育人课堂氛围,也有助于学生综合素质和专业能力的复合培养。

三、依托专业课程，打造专业领域“课程思政”

江苏科技大学：开展“课程思政”聚合行动

为破解思政课“孤岛”难题，实现“思政课程”到“课程思政”的融合，2017年12月，江苏科技大学在全校启动“课程思政聚合行动”，充分挖掘各类课程“思政元素”，将思政教育融入专业课中，力促各类课程与思政课育人“同向同行”。

为强化“课程思政”顶层设计，该校制订《江苏科技大学“课程思政聚合行动”实施方案》，把立德树人放在首位，进一步落实思政工作“五大工程”33个方面的具体任务。为使思政元素有效融入专业课教学，江苏科技大学成立了一支由该校马克思主义学院9名专家教授组成的“课程思政”辅导团，在加强“课程思政”专项研究的同时，对全校其他学院教师进行“思政”培训；定期举办“聚合行动”系列讲堂，促进思政课教师与专业课教师交流、融合，引导非思政教师将理想信念、社会主义核心价值观、校园文化等内容有效融入专业课程。同时，针对“课程思政”中存在的问题和需求，团队及时跟进，帮助非思政教师跨越“思政关”。一场场主题讲座，一次次研讨交流，一轮轮专业培训，江苏科技大学的“聚合行动”引领着思政课教师与专业课教师之间不断碰撞出火花，引导非思政课教师在日常教学中贯穿思政教育，并运用马克思主义观点和方法，分析教育教学中的问题，回应学生学习需求，形成“课程思政”共识。为确保“课程思政”落地、落实，江苏科技大学还开展“课程思政”教学观摩活动，要求每个学院遴选1—2门课程进行重点建设，并给予经费资助，努力建成“课程思政”示范课。为把握学生思政教育需求，江苏科技大学结合学校实施的“大学生核心素质报告书”制度，在充分了解学生思想动态的基础上，构建思政理论课、通识教育课、专业教育课三位一体的“聚合行动”课程体系。

上海中医药大学：立足中医药特色，开展“课程思政”改革探索

面大量广的专业课程是高校教学的重要载体，如何发掘专业课程中思政教育的有效元素，并广泛实施于人才培养的全过程，是当前高校德育工作亟待解决的热点和难点问题。上海中医药大学立足中医药特色，率先在专业教育体系中开展全过程、多样式、广覆盖的课程思政改革探索，将中华优

秀传统文化、社会主义核心价值观要求和做人做事的道理融入专业教学，目前形成了重点建设百门专业课程、百分百专业课程融入思政功能的新格局。

在顶层设计上，上海中医药大学确立了专业课程思政教育发展战略，在学校的“十三五”发展规划中编制了德育工作发展规划，要求打破专业教学与思政教育相对分离状况，构建以社会主义核心价值观为引领的全员育人体系，使思政教育融入教学、科研、医疗、管理等全过程。在工作机制建设上，整合管理资源，形成以党委统筹挂帅，教学分管领导牵头执行，职能部门齐抓共管，教务、人事、教师发展中心、教育质量监测中心配合协同推进，马克思主义学院、通识教育研究中心、科技人文研究院、交叉科学研究院技术支撑，校院两级分管思政和教学工作的多条线紧密结合的工作推进机制。在路径探索上，该校实施融入“社会、行为、生命科学”三要素的中医药主干课程“问题为导向学习”改革试点；每年设立以“健康中国”为主线、覆盖所有专业的中医药服务性学习实践模块，体现课程思政“知行合一”理念；建立学情分析指标及评价反馈机制，形成了布局有序、环环相扣、落细落小的工作策略。在共同体构建上，学校将教师、管理人员、学生辅导员凝聚成35个跨界育人导师团队，实现思政教育的全员覆盖。学校的高层次教师培养机制，通过“海上名医学术共同体”模式，不断传承中国优秀传统文化，提升思政教育的内涵。学校的开放式办学格局，聚集了来自全球20多个国家的学生，通过朋辈学习共同体，共同塑造中医品格，建立文化自信。

西南石油大学：推进“学生领袖双百工程”项目

针对当前大学生思想政治教育中存在的教学内容空洞浅表、学生参与度不高、课程获得感不强等问题，西南石油大学结合当代大学生特质，深耕大学生思想政治教育工作，创新建立思政教育品牌，推进“学生领袖双百工程”项目，给予学生从理论到实践的多向培养，真正实现“凝聚一批人，带动一批人，影响一批人”。

2017年10月，首届“学生领袖双百工程”在校园掀起一股红色的热潮。一百名品学兼优的学生党员代表（“双百”即两学期两百名）经过层层选拔，参加“学生领袖双百工程”定制内容的培训。培训内容涵盖理论教育、专题研讨和实践锻炼三大模块。理论教育部分共七次课程，内容包括：“《共产党宣言》导读”“共产主义信仰的当代价值与实践追求”“学习贯彻党的十九大精神专题辅导”“精准扶贫与当代大学生的责任”“唱响国歌，爱我中华—国歌、国魂”“哲学思维与辩证思维”和“领略石油文化与传承石油精神”。该项目的理论培训摆脱了枯燥的灌输和说教，而是通过富有趣味的讲解、鲜活的事例，把“政治-历史-哲学-社会”所蕴含的理论的“珍珠”穿起来，让思政理论真正入脑入心。在专题研讨中，百名学生被分为多个小组，围绕议题展开讨论，学生之间的探讨和切磋，老师的总结和凝练，不仅有思维的碰撞、理论的火花，还能帮助师生探寻到理论与实际之间的链接。在追寻思政教育的有效性上，除了“富于趣味”的研讨会形式外，还包括晨读晨练和素质拓展训练。学生们通过晨练强健体魄，通过晨读提升修养，通过素质拓展磨炼意志。这种多层次、多样化的创新课程设计，促进了该校思政教育方式的大变样，学生的获得感、存在感和方向感都得到了提升。与此同时，西南石油大学还积极打造思政教育实践课程，让学生回到实际生活中解决问题，从实践中获得真知。例如，学校作为省聘第三方评估机构到四川泸州市合江县开展扶贫评估工作，50 余名“双百工程”的学生在老师的带领下深入合江县新洋村；在全民学习宣传贯彻党的十九大精神的热潮中，学校组建了十九大精神校内外宣讲团，“双百工程”的学生们也积极参与其中，等等。

通过对“关键少数”的作用力，把正能量辐射到更广大的同学中去，这是“学生领袖双百工程”项目的初心，也是归宿。项目培训结束后，不少参训学生都争当“领头雁”，有的走进寝室去交流，有的从学生视角为同学开“党课”，有的回到班级去推动团建项目，还有的则在支部开展创新探索……

上海立信会计金融学院：将诚信教育融入各类课程

在上海立信会计金融学院有许多独特的“立信现象”，如“诚信考场”“诚信打印店”和“诚信小卖部”等。在这里，诚信教育如能量场一般无处不在，时时刻刻影响着学生的思想认知与行为选择。上海立信会计金融学院主要采取以下措施，将诚信教育融入各类课程，真正做到“使守信者受益、失信者受限”：

一方面，推动 29 门课程先行试点，保证育人“各守一段渠”。2016 年下半年，学校拨出100万元专项经费，启动“课程思政”教育改革校级综合试点，首批选取全校29门课程进行试点，通过构建“课程-实践-网络-教材”四位一体的教学组织模式，强化对学生诚信品质的培养。在这“课程思政”教改试点的29门课程中，包括2门思想政治理论示范课、2门“中国系列”课程、10门综合素养课程，以及15门专业课程。除了配备优质的师资，这些课程大都经过了全方位打磨，重新凝练育人目标。以“公共管理学”这门专业课为例，它主要讲授公共组织如何运用公共权力管理社会公共事务，提升公共产品和公共服务质量，帮助学生树立诚信、廉洁、依法用权的理念。

另一方面，利用第二课堂，保证诚信教育在“知”“行”两个维度上协同并进。除了重视第一课堂的知识传递，上海立信会计金融学院还十分强调发挥第二课堂的各类校园文化和学生实践活动的作用，以此形成诚信教育的育人合力。该校每名学生毕业时，都会获得一份特殊的成绩单——大学生个人诚信报告。一名学生在校四年，是否守得住学业诚信底线，考试不作弊、学术不造假；是否具有经济诚信意识，申请奖助学金时绝不提供虚假信息；是否懂得生活诚信，遵守宿舍规章和学校其他管理制度……所有这些表现都会被如实记录，折算成“诚信分”，无形之中让学生们感受到“诚信”的力量。在这其中，不得不提及该校的特色机构——学生发展银行。在每年学生奖助学金申请者的资格认定上，“银行”的审查颇为严格：不仅要求申请者提供个人家庭信息，还要参考其银行卡、支付宝、校园一卡通的财务流水信息，并约谈辅导员，充分了解申请者的情况。为增强学生诚信意识，银行还设有“虚拟成长币”，所有受助学生都要制定符合自身实际的偿还计划，通过参加科技创新、社会工作等活动，折算为一定额度的“成长币”，并在有效期间内偿还。对信用不良者，将降低或取消奖学金等级，而对于超额完成的前100名，将提供校内外优质实习、兼职等奖励。

苏州健雄职业技术学院：打造“课程平台+项目”浸润式思政教育新模式

苏州健雄职业技术学院坐落于苏州太仓科教新城，是以出生于太仓的“中国居里夫人”——吴健雄的名字命名的一所公办全日制普通高等学校。长期以来，该校高度重视思想政治教育对于学生成长的领航、护航作用，人才培养质量受到用人单位的广泛好评。2017年，该校进一步深化思想政治教育改革，创新内容和载体，改进方式与方法，将显性思政教育与隐性思政教育有机融合，打造出“课程平台＋项目”浸润式思政教育新模式，人才培养焕发出更加澎湃的生机与活力，其思政教育的理念与方法值得借鉴与推广。

该校首先从课程改革入手，一方面将教学内容模块化，逐步引领学生树立道路自信、理论自信、制度自信、文化自信；另一方面，辅之以相应的实践活动，帮助学生感知、体验、巩固教学成果。例如，“思想道德修养与法律基础”的教学内容被划分为人生选择篇、价值理念篇、法治素养篇等六大模块，课程坚持以习近平新时代中国特色社会主义思想为指导，以新时代对青年大学生的新要求为切入点，以引导大学生努力成长为能够担当民族复兴大任的时代新人为着眼点开展教学，并辅之以学生角色扮演参与模拟法庭、聆听检察部门及公安部门等专业人员举办的法制讲座、举行主题班会等多种方式的课堂内能力训练实践活动。与此同时，学校还创新性地将企业培训中的教练技术引入思政课教学活动之中，强调“以生为本”，科学调整学生的心态，提升学生的信念，挖掘学生的潜能，将传统思政教育中以教师为主体的“灌输式”教育转变为以学生为主体的“能动式”教育。

其次，该校以改革创新的勇气，主动适应思政教育环境的变化，逐步摸索出了一条以平台为桥、线上线下融合发展的思想政治教育创新之路。第一，积极开创线上教育平台，实现思想政治教育向新媒体领域拓展延伸。苏州健雄职业技术学院结合自身CRP网络管理系统，开发出包含教师与学生两大应用模块的“学生成长学分银行平台”。其中，教师模块主要由班主任负责，审核学生上传的佐证材料，赋予其应得的分值，处理学生违纪材料，及时进行扣分；而学生模块则分为存分和扣分两个子模块，学生通过参加活动、获奖、做好人好事等，可获取对应子项目的分值，一旦发生卫生不达标、违纪、不文明等情况则会被扣分。学年末，班主任老师根据每个人的汇总分，总体考评每个人的综合素质成绩。第二，坚持做好线下平台建设，通过校内外思政教育平台建设，弘扬中华优秀传统文化及校本特色文化。学校着力加强吴健雄陈列馆建设，通过宣扬吴健雄的高尚品格，引导大学生学习、践行吴健雄的爱国、创新、求实、律己精神。此外，学校积极携手太仓市卫计部门及红十字会，全面推进生命健康教育基地建设，以展示、模拟、体验等方式帮助大学生了解青春健康知识，让学生学会感恩、珍爱生命。第三，积极携手企事业，通过资源整合，共建一批优质思想政治教育平台。该校与苏州某咨询有限公司合作，共建了大学生素质拓展基地，以多样、有趣的形式，帮助大学生在体验与感悟中锻炼心理，培养挑战意识、团队意识；依托太仓市规划馆、太仓市名人馆等地方人文资源，建设了大学生人文教育基地，引领同学们了解太仓，热爱太仓，树立为太仓的经济社会发展做出更大贡献的信心与决心。

最后，为了进一步激发思想政治教育活力，该校明确提出“工作项目化，项目目标化，目标责任化”的思路，通过定任务、定责任、定方案、定时间表和路线图，确保各项工作扎扎实实向前推进。学校将原属学生处、团委、二级学院及其他相关德育活动分离出来，统一纳入思想政治教育项目，并将这些活动划分寒暑期社会实践项目、志愿者服务项目、企事业单位社会化服务项目等类别。其中，寒暑期社会实践项目属于个体性项目，由学生个人申报，独立完成，主要让学生在体验、感悟中强化责任意识、感恩意识，锻炼沟通能力、适应能力等；政府部门社会治理项目、志愿者服务项目、企事业单位社会化服务项目属于团体性项目，由3—5名学生组成小组，以团队形式申报并实施，主要让学生在服务社会的过程中培养奉献意识、团队意识，将理论运用于实际，锻炼服务能力、分析问题与解决问题的能力。

总之，苏州健雄职业技术学院通过上述活动，思政教育正以实实在在的成果，在校园内形成了弘扬中国精神、凝聚中国力量的新风尚，鲜活地呈现出“课程里有活动，活动里有课程，平台里有思政”，“显隐”融合的浸润式思政教育的可贵。

四、找准主题教育着力点，彰显“课程思政”育人特色

湖南汽车工程职业学院：立德树人守初心，思想导师育人才

为贯彻落实学校“不忘初心、牢记使命”主题教育总体工作要求，突出7个“1+1”特色活动，2019年11月，车辆运用学院党总支联合教学合作党支部

启动“1＋1”思想导师工作。校党委委员、副校长尹万建同志对本项工作做出重要指示。要求结合“不忘初心、牢记使命”主题教育，开展习近平新时代中国特色社会主义思想教育；进行党史、新中国史教育；进行专业教育、职业生涯规划辅导。思想导师要根据受导学生特点，做好“五导”：思想上引导、学业上辅导、心理上疏导、生活上指导、就业上向导；完成“三件事”：进行一次培养对象情况调查，开展一次党课教育，进行一次职业生涯辅导。受导学生需要做好“三个一”：做一件有意义的事，读一本有意义的书，进行一次思想汇报。总之，思想导师工作的目标就是将立德树人作为教育工作的主线，让每个党员干部结对一个学生，培养德才兼备、担当重任的社会主义建设者和接班人。

1. 汽车义诊，为民服务

2019 年 11 月，湖南汽车工程职业学院车辆运用学院党总支举行“汽车义诊，为民服务”志愿活动。活动由教师党员、副院长周定武同志担任领队，特邀兰马车业集团各品牌技术总监、总支部分师生党员、特长队部分学生党员和入党积极分子组建汽车义诊志愿团队。活动期间，汽车义诊志愿团队为广大师生开展车辆维护保养、故障诊断检修，宣传驾驶基本常识、行车安全、节能驾驶等相关知识。汽车义诊志愿活动得到了全校教职员工的积极响应，生动诠释了主题教育“为民服务解难题”的具体目标。

2. 志愿服务，奉献师生

为响应学校党委“至少参加一次志愿服务，为身边群众至少办一件实事好事”的号召，增强全体党员的奉献意识和责任意识，2019 年 11 月，车辆工程学院学生党支部联合汽车电子技术协会的入党积极分子举办了阳光义务维修活动。活动当天，8 点不到，同学们便陆陆续续拿来了需维修的小电器，有接触不良的充电器、开关不灵的台灯、容易啸叫的小蜜蜂……现场，全体工作人员以一丝不苟的工作态度，精益求精、追求极致的专业品质以及高超的专业技术，让手中的一件件维修电器“重获新生”，充分彰显了学院师生的志愿服务精神与“工匠”精神。

3. 企业专家进课堂，校企对接育栋梁

为深化校企合作，提升学生适应能力，拓宽学生视野，湖南汽车工程职业学院深入开展主题教育特色活动“校企共育、企业领培”系列讲座，使学生在校内就能感受到来自企业专家的风采与魅力，进一步帮助学生明确学习目标与努力方向。例如，艺术设计学院特邀苏州易配者软装设计公司创始人龙涛先生为本院学生开展“软装设计之进阶新高度”的专题讲座，帮助学生深入了解软装设计的行业需求和发展趋势，普及“硬装＋软装”的全新室内设计理念。经济管理学院邀请湖南德顺人力资源服务有限公司有限公司总经理梁传坤先生为本院学生开展“信息化人力资源管理发展”的专题讲座，帮助学生了解信息化大背景下企业人力资源管理的发展之路，并运用真实案例为学生传授实际工作经验。

湖南工业职业技术学院：紧扣立德树人，抓实主题教育

1. 形式多样，理论学习有收获

学校以深入学习习近平新时代中国特色社会主义思想为主线，党委理论学习中心组、各基层党组织认真读原著、学原文、悟原理，围绕“明初心，守初心，坚守为党育人为国育才的初心和使命”“立德树人担使命，教育为民履职责”和“改作风，抓落实，提高学校高质量发展水平”三个专题进行学习研讨。为检验学习效果，学校组织全体中层及以上领导干部、党支部书记、组织员共90余人参加主题教育应知应会知识闭卷测试，85分以上合格率达97.5%。二级学院学生党支部开展“不忘初心、牢记使命”主题教育主题党课、主题读书交流学习会、主题演讲比赛等形式多样的学习活动。

除了理论学习，学校还开展了革命传统教育，以体验实践的方式提高学习的针对性、实效性和感染力。校党委理论学习中心组成员前往毛泽东思想萌芽的地方——湖南省立第一师范学校旧址，开展革命传统教育现场学习，重温入党誓词，聆听一师六位师生的感人故事，接受革命传统教育和精神洗礼。思政体艺基础党总支、信息工程学院党总支等组织全体党员前往伟人故里韶山，电气工程学院党总支组织全体党员赴平江起义纪念馆开展实践学习，感悟老一辈无产阶级革命家敢为人先、无私奉献的革命精神。

2. 润物细无声，弘扬爱国主义精神

湖南工业职业技术学院把爱国主义教育与“不忘初心、牢记使命”主题

教育做好结合。2019 年 9 月 27 日，学校开展庆祝中华人民共和国成立 70 周年宣讲报告会，学校师生代表共 300 余人现场聆听讲座。学校党委书记刘建湘以“壮丽 70 年 谱写新华章——新中国、新湖南、新工院”为主题进行宣讲，激励广大师生发扬中华民族自强不息的奋斗精神和坚韧不屈的爱国情怀，坚定理想信念，走技能成才、技能报国之路，为实现智能制造强省、制造强国贡献青春力量。

学校与刘少奇同志纪念馆进行“馆校联动”，师生党员志愿者参与实地宣讲，真正让革命精神入脑入心，不断增强党员师生守初心、担使命的思想和行动自觉。2019 年 9 月，邀请刘少奇同志纪念馆的数名讲解员来校开展“光辉榜样——刘少奇的初心和使命”主题系列宣讲会，讲述了《浑身是胆的“刘代表”》《母子情》《品味经典》《四十四天》《刘少奇和他的家人》以及《永远活在人民心中》六个故事，讲解员采用情境演绎、朗诵、音诗画等多种形式，让在场的师生接受了一场震撼心灵的精神洗礼。

淮安信息职业技术学院：把稳思想航向，奏亮“四部曲”

自“不忘初心、牢记使命”主题教育深入开展以来，淮安信息职业技术学院党委提高政治站位，把稳思想航向，用情奏亮“四部曲”，坚守为党育人赤忱初心，砥砺为国育才千钧使命，推动主题教育继续向真处走、向实处行、向深处进。

奏亮“主题曲”求真知。学校党委集中 5 天时间开展理论学习。一场场跨越时代的“初心对话”，一次次触及灵魂的“围炉共话”，为根治思想观点短板、精神状态落差、干事创业懈怠的“原发病灶”注入“灵丹妙药”。

奏亮“交响曲”见真章。学校党委察细微处、关枝叶情，始终将 1.2 万名师生员工的“问题域”作为谋划推进工作的“实践域”。成立 9 个调研组深入教学科研、管理服务一线，围绕“提升党建科学化水平，引领学校各项事业高质量发展”“特色鲜明的高职院校建设”等 9 个课题潜心调研，向广大师生问计求策，推动校情审视、认识升华、实践提升“同步推进”。校领导主持修订全校 49 个专业人才培养方案，促进工学深度结合、所学皆为所用；带头深入课堂推进“思政金课”建设，为青年学生紧系人生第一粒纽扣；开展“海棠餐叙”系列活动，“零距离”提升师生就餐满意度；打造“博士工作室”，为高端人才紧贴新兴产业、服务产学研用创融合发展“夯基垒台”。回应民心之盼，答出为民诚意，一股股正能量正在校园内外无声凝聚和传递。

奏亮“回旋曲”出真招。掸去遮蔽初心的灰尘，纠正阻滞行动的偏差。学校各级领导干部在见贤思齐、奋发进取中霜刃向内，带头查自身不足，带头找工作短板，带头作检视反思。通过个别访谈、座谈交流、设立意见箱、发放征求意见建议表等形式，广泛征询对党委班子意见 63 条，对标对表分类制定 4 张清单。

奏亮“进行曲”见真效。问题不解决不松劲、解决不彻底不放手、师生不认可不罢休。学校以增进福祉、推进发展的“满满干货”赢得广大师生的“满满收获”。

广州体育职业技术学院：弘扬“冠军精神”，育“课程思政”品牌

自“不忘初心、牢记使命”主题教育启动以来，广州体育职业技术学院紧扣“立德树人”根本任务，立足学院实际，用活用好校本资源，以“冠军精神”为切入点，进一步在主题教育中加强爱国主义教育、弘扬爱国主义精神，推动主题教育在广州体职院走深走实。学校举办了庆祝中华人民共和国成立 70 周年“百名冠军回母校”系列活动，活动通过举办“冠军林”植树活动、冠军讲坛、“与冠军一起唱：我和我的祖国”、冠军文化校园知识竞赛、冠军助力志愿服务等 8 个系列活动，邀请了杨景辉、张雁全、朱俊、蔡琪子、冯宝仪等 108 名冠军校友回母校参加，参与人数达 2800 人次。

与此同时，广州体职院还把加强“课程思政”建设作为育人机制的重点研究题目，充分挖掘各专业各门课程蕴含的思想政治教育元素，将爱国主义精神、传统文化、红色文化、体育文化有机融入专业建设，推动整改落实取得实效，推动课程思政与思政课程同向同行，打造一批院级“课程思政”品牌课程。

第二节　高职院校"课程思政"建设存在的问题及困境

一、高职院校"课程思政"建设存在的问题

准确理解把握"课程思政"的含义与理念，是开展"课程思政"建设实践的前提与基础。然而，正是由于对这一基本性前提的认识偏差，导致部分高职院校在开展"课程思政"建设中出现如下问题：

第一，一体化。这里的"一体化"是指思政课程与"课程思政"的一体化，也就是说将思想政治理论课纳入学校的"课程思政"建设。这一做法源对思政课程与"课程思政"关系的错误认识，于实践上是有害的。一方面，这种"一体化"建设会淡化、弱化思政课程。高职教育作为我国高等教育的重要组成部分，虽具有职业教育的特性，但从根本上是为了落实立德树人任务，培养社会主义建设者与接班人。若将"德智体美劳全面发展"的人才培养目标与高职院校的课程体系结合起来，思想政治理论课是对学生进行德育的主渠道，而专业课、通识课、实习实训课等则是智育、体育、美育、劳育的主渠道。当然，主渠道并不是唯一渠道，高职院校人才培养需要发挥所有课程的育人合力。对学生进行思想政治教育，必须发挥思政课程的主渠道、主阵地作用，不能将其与"课程思政"混为一谈，不能错置两者的位置。另一方面，这种"一体化"会降低思政课教师的责任心和使命感。习总书记强调，办好思想政治理论课关键在教师，关键在发挥教师的积极性、主动性、创造性。思政课教师的育人意识与育人水平将直接影响育人效果。而实行"一体化"，将思政课程与其他课程置于同等地位，让思政课教师与其他课程教师承担同等思政育人职责，会使思政课教师产生懈怠心理，不再像之前那般发挥价值引领标杆作用。因此，高职院校创新思想政治教育工作需要推行"整体化"，而不是"一体化"，在整体推进课程建设的过程中，确保思想政治理论课的主渠道地位，发挥思政教师的关键作用，然后在此基础上，发挥其他课程的思政育人协同作用。

第二，显性化。这种"显性化"是指在专业课、通识课等课程教学中，对

学生进行显性的思想政治教育。一些高职院校在开展“课程思政”的过程中，将除思想政治理论课以外相关课程的思政元素梳理出来，由教师向学生进行直接宣讲，这种简单嫁接、机械搬运的方式并不能让专业课、通识课等课程彰显“思政味道”，反而极其容易激起学生对思想政治教育的逆反与排斥情绪，育人效果可想而知。高职院校的这一做法源自对思政课程与“课程思政”不同教育方式的认识偏差。思想政治理论课属于显性的思想政治教育课程，通常采取显性教育方式开展教育教学活动，向学生坚定、明确地灌输社会主义主流意识形态；而专业课、通识课等属于显性的专业教育、知识教育课程，在传递自身课程内容知识时同样采取显性方式，但若让这些课程承担思想政治教育功能，则需采取隐性教育的方式，以弥补思政课程显性教育的不足。因此，高职院校开展“课程思政”应采取“浸润”“渗透”“隐性”的方式进行，从而将思想政治理论课的“漫灌”与“课程思政”的“滴灌”有机结合起来。

第三，标签化。“课程思政”源自于上海市高校的实践探索，目的是破除大学生思想政治教育“孤岛化”的困境。经过几年努力，上海高校成功推出了“中国系列”课程，在学生群体中备受欢迎，相关课程育人合力初步显现，引起了教育部的关注，也激发了各类高校的兴趣。随着“课程思政”逐渐深入人心，很多高校纷纷打造自己所谓的“品牌”课程，导致“课程思政”标签化、形式化和同质化。就目前而言，上海市相关高校的成功经验可以借鉴，但不能复制、模仿，这是因为“课程思政”建设是一个系统工程，其育人效果受到很多因素的影响。首先，高质量的思想政治理论课是“课程思政”建设得以成功的前提条件。对学生进行思想政治教育，思政课是核心课程、关键课程，而“课程思政”的定位则是协同育人，只有当前者取得较好效果，为学生奠定了坚固的思想认同、心理认同时，后者才能更好地发挥协同效应。其次，高素质的师资队伍是“课程思政”建设得以成功的关键条件。各门课程的任课教师是“课程思政”的落实者、践行者，他们自身所具备的马克思主义理论素养以及将思政元素与课程教学有机融合的能力将直接影响最终效果，只有具备一支高素质、高水平的教师队伍，“课程思政”建设就有了坚实保障。最后，设计“课程思政”方案，需要充分挖掘学校的课程资源、人力资源，以及所处地方的特色资源等，只有全面考察、研究论证过的建设方案才能经得起实践的推敲。然而在实际过程中，许多高职院校将“课程思政”看作是赶时髦，往往一哄而上，盲目模仿、复制相关高校做法，既不提升思政课教学质量，也不建设教师队伍，只是一味地在课程形式上玩花样，不注重内容上的精雕细琢，这种标签化、形式化的做法既浪费了人力物力，学生也收获平平。

第四，功利化。“课程思政”建设的目的是提升高校思想政治教育的实效性，然而有的学校却功利化地对待，试图“蹭热度”“占先机”，将“课程思政”建设当作其争名逐利的手段。所谓争名是指一些学校为了宣传、造势以扩大自身影响，在形式上简单嫁接其他高校的做法，打造所谓“品牌课程”，内容粗糙，但阵仗很大，意图借媒体宣传炒作。而逐利就是将利益作为建设“课程思政”的唯一目的。一些学校为了吸引、激励教师参与到“课程思政”建设中来，或划拨专项经费，或设立专项课题，其出发点当然是好的。但某些教师为了获得经费和课题，在对“课程思政”不看好、不感兴趣的认知基础和心理状态下参与相关实践，尽做一些华而不实的文章，打造出来的课程也往往流于形式，缺少灵魂。这种功利化倾向严重影响了高职院校的“课程思政”建设。

二、高职院校“课程思政”建设面临的现实困境

在产教融合的背景框架下，高职院校的教学主体、教学对象、教学环境等都发生了极大改变，这就使思想政治教育面临更为复杂的局面，也为目前高职院校的“课程思政”建设带来了诸多困境。

（一）校情困境

近年来，我国高职院校快速发展，不仅呈现出数量优势，而且随着产教融合的不断深化，其质量优势也日益明显。但也正是在产教融合这一人才培养模式的指引下，高职院校的现实校情发生了不少变化，给“课程思政”建设带来了诸多困境，主要体现在以下几个方面：

首先，在培养目标上育才倾向明显。产教融合背景下高职院校的人才培养目标一般以职业需求为导向，注重学生就业能力的培养。这符合高职教育

所特有的职业教育性质，但高职教育属于中国特色社会主义教育体系中的一部分，立德树人是其该遵循的根本教育任务，应该培养生产、管理、服务等社会行业第一线的应用型、技能型人才，以服务于国家建设与社会发展。因此，高职院校在人才培养目标上需要将育才与育人紧密联系起来，实现两者的相辅相成。倘若重育才、轻育人，就会形成以就业为导向的实用技能型教育路径，这既不利于学生之后的个人发展，也不符合我国的人才需求。

其次，在培养方法上智育倾向明显。产教融合背景下高职院校的人才培养方法注重专业理论学习与实习实训的结合，这符合"在学中做、在做中学"的职业教育理念。但是由于目前多数高职院校的产教融合尚处于初级阶段，加之企业多将经济利益放在首位，因此，高职院校学生在进入企业实习后，多被当成廉价劳动力，很少接受一些德才兼备的行业师傅的指导，学生在实习实训阶段道德教育的断层与缺位严重影响了"课程思政"的连续性与有效性。

最后，在教学课程体系中有着重技能、轻人文的色彩。人文教育的实质是培养精神品质。但相比于人文课程，多数高职院校更重视专业课程、实践课程的教学规划，注重提升学生的就业能力。这既制约了学生的全面发展，也将影响学生今后的市场竞争力。就业能力的培养须建立在道德培养之上，因为品行端正、素质优良是所有岗位的第一要求，也是学生在其事业道路上越走越远的基本条件。

（二）教情困境

教师是学生接触最多的群体，开展"课程思政"建设需要通过教师这一关键主体发挥桥梁纽带作用。但在"课程思政"的实际落地过程中，由于教师自身主观认识上的偏差以及育人能力的不足，影响了育人效果的实现。

首先，部分专业课、通识课等其他课程的任课教师在主观认识中习惯性将自己定位为"智育"角色，而对自身的"德育"角色认识不足，甚至片面地认为对学生进行思想政治教育是思政课教师、班主任、辅导员等相关人员的职责，将个人置身事外。这与新时代"把思想政治工作贯穿教育教学全过程"和"高校教师要努力成为先进思想文化的传播者、党执政的坚定支持者，更好担起学生健康成长指导者和引路人的责任”这一要求存在明显差距。显然，部分教师课程育人意识的缺乏将不利于“课程思政”的开展。其次，受社会变革影响，少数教师自身的理想信念、道德情操、学术修养等方面也面临着挑战。随着社会主义市场经济的不断发展，片面强调人的经济属性而忽视人的社会属性与政治属性，过分追求物质利益而忽视精神文化需求等，已成为社会转型中的普遍现象，也自然波及了一部分高职教师。在社会大环境的影响下，一些教师政治意识淡薄、理想信念缺失、急功近利、心态浮躁，从而导致在教学上敷衍，在育人上失职，在学术上失范，甚至在道德上败坏。这些教师与习近平总书记提出的“四有”好老师标准相差甚远，不可能站在学生的角度去考虑“满足学生成长发展需求和期待”等问题，更不可能“守好一段渠、种好责任田”。最后，“课程思政”建设要求专业课、通识课等其他课程教师根据不同学科特点，将学科资源转化为思政育人资源，也就是正确处理好“知”与“德”的关系，这就对教师的挖掘、提炼和转化能力形成挑战。根据习总书记所讲的“人才培养辩证法”，每一位任课教师在教育教学过程中都必须深刻把握好“德”与“知”的辩证关系。“德”不仅包含个人的品行与道德，更包含社会的“公德”与“大德”，所有学科的最终归宿都是为了实现“德”，故而“德即真知”。“知”是为“德”服务的，一切人类知识的有益成果都是为了服务社会。因此，当教师处理好“德”与“知”的关系时，就能有效避免在教育教学过程中出现的思想政治教育与专业教学“两张皮”的现象。然而在“课程思政”建设中，课程教师如何妥善处理“德”与“知”的关系，找准切入点与突破口实现思政元素与专业教学的有机融合，实为一大难题。与此同时，在产教融合背景下，“课程思政”的建设载体还包括实习实训课程，也就是说行业师傅、企业导师等同属于“课程思政”的育人主体，但由于他们既缺乏基于教育学和心理学为基础的教学经验，又缺少与学校教师共同承担育人育德任务的意识，从而在实践指导过程中无法将核心价值观、企业文化、工匠精神、职业精神等思想政治教育元素合理地融入学生的技能训练。因此，产教融合背景下“双教学”主体育人意识与育人能力的现状，是制约高职院校“课程思政”建设的一大困境。

（三）学情困境

近年来，我国逐渐建立和完善了多样化的高职教育招生制度，学生可以通过参加全国统一高考、单独招生考试、综合评价招生、对口升学招生等方式进入高职院校学习。正是由于招生方式的多样性，使得我国高职院校生源复杂，学生的学习基础也参差不齐。但总体而言，高职院校的“学情”主要表现为学习兴趣缺乏、文化基础薄弱，这给“课程思政”建设的开展带来了不少阻力。

首先，高职院校学生的实用主义学习倾向明显。受实用主义思潮以及就业趋势的影响，高职学生将“有用”和“无用”作为裁量标准，那些对自己今后就业有价值的课程就认真学习，而那些“无用”的课程就的得过且过、敷衍了事。因此，高职院校普遍存在着学生对公共课程的学习重视程度远不如专业课程、实习实训课程。这种认知偏差或学习倾向影响了思想政治理论课的育人实效性，进而影响了学生对社会主流意识形态的心理认同与情感认同，而学生的这种认同基础却与“课程思政”的实际效果息息相关。其次，高职院校学生对网络的利用娱乐性大于实用性。在信息化时代，互联网已深入人们的学习、工作、生活等方方面面。对于学生而言，互联网既可以是一种学习工具，也可以成为一种娱乐手段，但总体而言，高职学生对网络的利用，其娱乐性大于实用性。部分学生沉迷于网络游戏、追剧、购物等，且不分时间、地点、场合，现如今，“低头族”群体在课堂教学中实属常见。最后，高职院校学生的知识面广而浅、多且杂。较之以往，当今学生的知识面整体而言比较广泛，这主要得益于网络的便捷，学生可以在极短的时间内获取自己想要的信息，但在“快餐文化”的影响下，学生对信息的把握只求了解不求深入，对很多知识的理解只停留在表层。与此同时，网络中的信息纷繁复杂，其准确性、权威性有待考证，学生很有可能获取完全错误的信息。另外，网络社会已经成为意识形态斗争的重要场域，某些西方敌对势力利用网络散布与社会主义主流意识形态相悖的西方思潮，意图抢占我国青年学生的“思想高地”，模糊他们的政治意识。这些现象都给高职院校“课程思政”建设增加了难度。

（四）机制困境

在开展“课程思政”建设中，合理的内驱机制是调动教育主体积极性、主动性、创造性的重要因素。就目前而言，高职院校“课程思政”建设效果不尽如人意，主要在于未能充分发挥课程教师的关键作用，而这又与学习制度、评价制度尚未完善息息相关。

一方面，课程教师的思政学习制度尚未健全。教师思政学习与学生思政学习同属于学校思想政治工作的两大组成部分，但在现实情况中，后者更受到学校重视，有着健全的组织机构和完善的制度保障，而前者在一定程度上被轻视甚至忽视。从“课程思政”的角度看，专业课、通识课等其他课程教师作为主体力量，其所具备的马克思主义理论素养影响着“课程思政”的实践成效，从这个意义上说，学生思政学习的效果取决于教师思政学习的成效。然而，高职院校教师的思政学习并未得到强有力的保障。教师的思政学习缺乏日常化、制度化的管理措施和硬性规定。

另一方面，课程教师的考核评价制度尚未完善。这主要体现在以下三个方面：一是评价内容过于单一。在高职教师考核评价体系中，工作业绩和科研成果是两大关键性指标，而那些同行评议、学生评价等多流于形式，因此，教师在完成既定的教学任务后，不得不花费大量的时间、精力投入学术研究中，这种较大的科研压力让教师难以专注于提升教学质量与优化教学效果。二是评价方式过于量化。对教师的考核多以课时量、科研成果数为评判标准，很少考量教师的教学水平以及学生的学习成效，即使有，这种考量也是量化的，比如分析教师的课堂教学艺术或学生的期末成绩等，并未将焦点集中于教师的育人投入以及学生思想道德素质的提升程度等。三是育人成效对教师职业发展的影响度太低。在教师的晋升过程中，师德师风只是底线要求而不是竞争性指标，这种考核评价制度难以发挥其应有的指挥棒和风向标作用，也难以让教师真正回归于立德树人这一教育初心。与此同时，在产教融合背景下校企之间实行交替式教学，由于两者之间考核主体、考核形式和考核内容存在差异，难以有效考评“课程思政”建设的实际效果。

第七章 高职院校“课程思政”建设的路径设计

“课程思政”作为新时代高校思想政治教育改革与发展的产物，旨在通过挖掘专业课、通识课等各类课程中的思想政治教育资源，发挥所有课程的育人功能和所有教师的育人职责，以促进全员育人、全课程育人教育格局的形成，从而更好地培养堪当民族复兴大任的时代新人。推进高职院校的“课程思政”建设，需要在明确基本原则、主要任务的基础上，科学规划合理、高效的行动路向。

第一节 高职院校“课程思政”建设的基本原则

“课程思政”是高校推动课堂教学改革的重要抓手，也是提升课程育人质量的有效路径。高职院校“课程思政”的实施，要在习近平新时代中国特色社会主义思想的指引下，坚持课程育人导向，将显性教育与隐性教育结合起来，落实专项绩效考核，发挥课程教师育人主体作用，实现知识传授、技能培训与价值引领的有机统一，不断将“课程思政”引向深入，推向新阶段、新水平。

一、在教学本质上，坚持课程教学回归育人本源

近年来，“课程思政”“课程育人”不仅是高校教育教学改革的热词，也是高校思想政治工作新的生长点。高职院校开展“课程思政”建设，需从源头上追溯课程、“课程思政”的本义，厘清课程与思政两者之间的内在联系，让课堂教学回归育人本原，从而增强“课程思政”实施的理性自觉与文化自信。

“课程思政”不能简单地理解为“课程＋思政”，两者之间既有联系又有区别。一方面，“课程”与“思政”有着共同的教育旨归。“课程”是教育者指导教育对象共同参与教与学的活动，其中既包括教学科目及其内容，也包括教师精心设计的教学进程，更体现了学生在各个阶段应该达到的知识、能力、品德、价值观要求。因此，课程的意义既在于传授知识与技能，也在于培育人文精神、科学精神等。故而，教师作为课程内容的传播者，在教学过程中不仅要向学生传授知识，更要让学生明白为人处世的道理，这既是教师“教书育人”的使命所在，也是课程的本义和真谛。课程的这种育人本真与思想政治教育“铸魂育人”的教育旨归不谋而合。另一方面，“课程”与“思政”归属于两个不同的学理层面，前者属于教育学学科中教学论研究领域，后者属于思想政治教育学学科领域。因此，理解“课程思政”，需要进行跨学科整合研究。既要从教学论视角研究怎样运用教育学原理，从而在把握教育对象思想品德形成发展规律和教育教学规律的基础上开展育人工作；也要从思想政治教育视角研究如何加强马克思主义理论教育，从而为学生终身发展奠定科学的思想理论基础；此外，还需吸收与育人工作相关的哲学、心理学、社会学、管理学等研究成果，为课程思政提供学理支撑。[①] 总之，高职院校实施“课程思政”建设，需要纠正以往“重智育、轻德育”的教育理念、“重教学、轻育人”的教学倾向以及“见物不见人”的课程价值取向，让课程教学回归育人本原。

二、在教学目标上，坚持知识传授与价值引领的统一

一段时期以来，有的地方和高校对思想政治工作重视不够，存在着重智育轻德育、重学术轻思想、思想政治教育与专业教学“两张皮”的现象，教师的育德意识和育德能力都有待加强。出现以上问题的关键原因就在于没有正确认识与处理好教书与育人、知识传授与价值引领之间的关系。正是由于教育理念的偏差才导致了教育行为的错轨，而“课程思政”的提出首先解决的就是教育思想的问题，要求在教学目标上实现知识传授与价值引领的

① 邱伟光.论课程思政的内在规定与实施重点[J].思想理论教育，2018(08)：62－65.

统一。对这一问题的理解可以从西方教育史中寻找有益启示。

20世纪，西方教育界围绕教育思想有着多种观点的争论，如实用主义、行为主义、环境决定论、要素主义、价值澄清论等等。其中，20世纪60年代出现的"价值澄清学派"一度在美国及其他西方国家产生了广泛影响。该学派认为，"价值是个人与环境不断作用并适时进行反思的过程，而不是内容和结果"[①]，因此，一切价值由个人决定，因而都是相对的，教育不是向学生传授某些特定的价值内容和规范，教师应持一种价值中立的立场，重在培养学生澄清价值观念、进行个体选择的能力。这一观点虽体现了对个人主体性的重视，但也隐含着价值相对主义的危机。1987年，美国芝加哥大学教授艾伦·布卢姆在其著作《美国精神的封闭》中批评了美国高等教育存在的危机，而这种危机在很大程度上就是指20世纪60年代以来所盛行的虚无主义和文化相对主义。在这本书的前言和导言中，他写道，"这本书，作为对我们的心灵，尤其是年轻人的心灵以及他们所受的教育的深思，是从一个教师的视角写成的"，而"大学教授绝对有把握的一件事是：几乎每一个进入大学的学生都相信，或自称他们相信，真理是相对的"，对此，他批评说"相对主义泯灭了教育和追求美好生活的原动力"。[②] 无独有偶，曾经担任美国哈佛大学校长20年之久的德瑞克·博克也有一个评述，他说："（在美国）大部分毕业生仍然是天真的相对主义者，他们没有能力为自己在分析实际生活中遇到的复杂问题时做出的判断辩护"。[③] 可见，诸如"价值澄清"这类教育思想受到了很大的质疑。基于对此种教育思想的反思，20世纪90年代中期，"品格教育"开始成为美国学校教育的主流。这种教育理念主张在一个多元文化和多种宗教并存的社会里明确一些为全社会普遍认可和共享的价值导向，以此来促进学生的道德发展，增强他们做出正确道德选择和行动的能力。[④]

---

① 〔美〕路易斯·拉思斯.价值与教学[M].谭松贤译.杭州：浙江教育出版社，2003：58.

② 〔美〕艾伦·布卢姆.美国精神的封闭[M].战旭英译.南京：译林出版社，2011：001，009.

③ 〔美〕唐纳德·卡根.哈佛大学的危机[N].吴万伟译.凤凰视点，2006-11-06.

④ 杨韶刚.从道德相对主义到核心价值观——学校道德教育转向的心理学思考[J].教育研究，2004(01)：32－37.

这表明教育的价值属性或意识形态属性逐渐被认可。通过反思20世纪以来美国教育思想的演进历程，我们可以更加明确地认清教育的本质和意识形态功能，更加准确地把握教学与育人、知识传授与价值引领之间的关系。因此，高职院校推进“课程思政”建设，要深刻领会从毛泽东同志提出“学校一切工作都是为了转变学生的思想”到习近平总书记反复强调立德树人是教育的根本使命，自觉、有效地将知识教育与理想信念教育、道德品格教育有机结合起来，充分发掘各类课程的思想政治教育元素，把思想引导和价值观塑造融入每一门课程的教学之中，让所有的课程都承载起育人的功能。

高职院校开展“课程思政”建设，要坚持知识传授与价值引领的有机结合，实现育才能力与育德能力的统一。首先，既要发挥思想政治理论课的引领作用，又要发挥专业课、通识课等其他课程的深化、拓展作用。前者通过对学生开展系统的思想政治教育，培养学生对社会主义主流意识形态的认知和理解，引导学生坚定政治立场、树立崇高理想、心怀国家人民；后者通过在课堂教学中渗透思想政治教育，改变以往重工具理性轻价值理性的教学倾向，在学生心中埋下理想信念的种子。其次，构建师生共同发展的育人体系。既要通过高素质人才队伍建设，加强教师的马克思主义理论教育、中华优秀传统文化教育、社会主义先进文化教育等，以提升其理论自信与文化自信，从而实现教育教学体系和思政体系一体化；又要注重师生的心理健康，坚持育德与育心相结合，从而实现师生各方面素质的协调发展。最后，根据不同专业的学科特点与实际情况，以育德元素填补课堂教学的价值空洞。值得注意的是，在融入思想政治教育时，要对思政元素有所取舍，避免千篇一律的话语体系。

三、在教学模式上，坚持显性教育与隐性教育的统一

显性教育和隐性教育是高校思想政治教育的两种基本教学模式，是落实高校“立德树人”根本任务的必要手段与方式。显性教育是指教育者充分利用

各种公开手段、公共场所，有领导、有组织、有系统的思想政治教育方法。[①] 隐性教育是指教育者以隐性课程、文化传统和环境情境为载体，引导学生在体验、分享中获得身心和个性发展以及价值观、理想信念和道德观念的活动过程及其方式。[②] 我国各类高校的课程大体上可分为思想政治理论课、专业课、通识课三大类，其中，思政课具有鲜明的显性教育色彩，主要通过正面、直接的宣讲塑造和提高学生的思想政治觉悟和道德素质，是思想政治教育的主要"显性"阵地；专业课、通识课在承担知识技能教育任务时具有显性特征，而在承担育德任务时具有隐性教育的属性，注重以隐蔽、间接的方式使学生在潜移默化中接受教育，并内化自己的思想品质与道德行为，是思想政治教育的"隐性"阵地。可见，显性教育与隐性教育各具特色，但又相互联系、互为补充。因此，高职院校推进"课程思政"建设，要坚持显性教育与隐性教育相统一的原则，在事关政治认同、国家意识等大是大非问题上，必须旗帜鲜明，与党中央保持一致，在学术理论、学术观点等学科问题上，可理性分析，客观评价。

"课程思政"是将思想政治教育融入各类课程教育，使其他课程承担育人职责，从而实现思政教育隐性化的过程。但是，由于学科性质、学科门类的不同，思政元素在各类课程中的分布是不平衡、不充分的，"课程思政"建设也就不能一概而论，具体课程需要具体分析。一般而言，人文社科类专业中的思政元素较为丰富，在课堂中嵌入思想政治教育比较容易，而对理工科专业中思政元素的挖掘以及思政教育的融入则需要多加考量。因此，高职院校实施"课程思政"，决不能将每门课程的思政资源定量化，应该从课程既有的学科逻辑和人才培养模式中找准专业教育与思政教育的"结合点"。另外，高职院校推进"课程思政"建设，除整合思政课程与其他课程外，还需整合第一课堂与第二课堂，即发挥课堂内外校园环境和精神环境的隐性作用。学校的学术氛围、校园文化、校风学风、师生关系等，都能对学生产生影响，若对这些"隐性课程"加以建构，便能对学生产生持久、有效的正向效应，达到润物细无声的效果。

---

① 王瑞荪．比较思想政治教育学[M]．北京：高等教育出版社，2001：287.

② 彭小兰，童建军．论思想政治教育中隐性教育的四个维度[J]．江汉论坛，2009(3)：140－143.

四、在教学评价上，坚持“课程思政”专项绩效考核

2017年，教育部党组印发了《高校思想政治工作质量提升工程实施纲要》（以下简称《纲要》），其中课程育人位列“十大育人”体系之首。《纲要》要求全国高校大力推动以“课程思政”为目标的课堂教学改革，发挥专业教师课程育人的主体作用，健全课程育人管理、运行体制，将课程育人作为教师思想政治工作的重要环节，作为教学督导和教师绩效考核的重要方面。因此，高职院校推进“课程思政”建设，需要落实教师专项绩效考核，这既有利于防止“课程思政”教学形式化、空洞化，也能促使所有课程教师将立德树人的根本使命落到实处。

高职院校坚持“课程思政”专项绩效考核，除遵循一般的考核原则外，还需把握以下几条准则：一是政治方向正确。这是“课程思政”专项绩效考核的首要原则，具有“一票否决”的决定性作用。高校作为意识形态斗争的前沿阵地，必须牢牢掌握意识形态的主导权，因此，高职教师必须政治方向正确、立场坚定，要高举马克思主义旗帜，自觉推动习近平新时代中国特色社会主义思想入脑入心，自觉弘扬和践行社会主义核心价值观，自觉反对和抵制错误思潮，坚决同一切歪曲、否定党的领导和我国社会主义制度的言行作斗争。二是育人自育兼顾。“课程思政”除了能塑造和引导学生外，还可以帮助教师实现自我教育和自我完善。但在具体实践中人们往往会忽视“课程思政”的后一功能，似乎默认教师的各方面素养已经达到足够高度，无须进一步提升，这种片面认识就阻碍了教师从“教书匠”到“大先生”的成长步伐。因此，在专项绩效考核中，不仅要关注“课程思政”对学生的影响，也需考核实施“课程思政”的教师本人的变化，即教师的思想政治素养、职业道德水平等是否有所提高。三是“思政”与“专业”相长。习近平总书记将思想政治工作形象地比喻成“盐”，要将其融入教育教学的各个环节中，实现自然而然的吸收。因此，高职院校考核教师的“课程思政”工作，一方面要关注教师的课堂教学中是否融入了思政元素，是否渗透了思想政治教育，另一方面也要关注课程教学与思政教育融入的方式，即是否存在着生搬硬套、东拉西扯

的"两张皮"现象。四是自评与他评相结合。自评包括教师自评与学生自评。前者指教师对自己"课程思政"实施情况的评价,能促使教师总结经验、发现问题,在自我诊断的过程中实现自我调节,进而促进自我完善,不断提升"课程思政"水平。后者指学生自我评估"课程思政"给其带来的积极影响及影响大小,能帮助学生感知自身变化及存在的问题。他评则包括教师评价学生、学生评价教师两方面,在考核教师工作时,应侧重于学生对教师的评价,以便从学生角度来考察教师的"课程思政"工作。五是兼顾过程和结果,但侧重于过程。从理论上讲,考核教师的"课程思政"工作,主要看教师和学生出现的积极变化,关键看学生变化,即是否树立了正确信仰和崇高理想,是否提高了思想政治素质和道德水平,是否养成了良好的行为习惯等等。但实际的困难之处在于在考核中很难将一门课程的"思政"绩效分离出来,这一方面是由于思想政治教育的叠加效应,即在思政课程与"课程思政"协同育人的格局下,很多课程都或多或少地给学生带来了正向影响,故而难以评判每一门课程的影响程度;另一方面是由于思想政治教育的抵消效应,即在某门课程已经产生积极效果时,这种效果有可能被其他因素所抵消,在这种情形下,不能因为学生没有产生积极变化而抹杀该门课程教师所付出的努力。因此,在专项绩效考核中,应特别注重教师开展"课程思政"的过程,如目标是否明确适当、思政元素是否充分挖掘等,当然也须尽力结合结果,以避免产生形式主义倾向。六是知行合一。亚里士多德认为,伦理学的目标不是为了学习理论知识,而是为了获得实践智慧,因为我们不是为了了解德行,而是为使自己有德行。因此,高职院校在考核教师的"课程思政工作"时,不能止步于思想环节,只考察教师和学生的认识水平,要落实到实际行动上。比如,在考察学生的道德判断能力是否随"课程思政"而得以发展时,除了考查学生运用所学知识判断自己或他人行为是否得当的能力,更要考查学生能否将道德观念转化为自觉的道德行为。

高职院校在落实"课程思政"专项绩效考核时,除遵循上述准则外,还需制定具体的考核标准,可考虑以下几个方面:一是"课程思政"的目标是否正确、适当和具体。目标是否正确可从多个方面加以判断,如是否在坚定理想信念上下功夫，是否在厚植爱国主义情怀上下功夫，是否在加强品德修养上下功夫等。目标是否适当需考虑其与课程知识内容的适配程度，由于思政元素在各门课程中分布不均，使得课程的思想政治教育目标也会各有侧重，比如自然科学类课程的思政目标就侧重于引导学生树立科学思维，养成为追求真理而不断探索、不懈奋斗的品质。目标是否明确则主要指教师能否将课程的思想政治教育总目标细化到具体章节、具体知识点。二是课程的思想政治教育资源是否充分挖掘。在这个问题上，高职院校对教师的专项考核，应关注教师挖掘课程思政资源的程度，而不是数量。由于不同课程中思政元素的蕴含量不同，内容侧重点也不同，若将挖掘量这一绝对指标作为评价标准，有失公正。相反，挖掘度是一个相对指标，是指挖掘量与蕴含量之间的比率，在不同课程之间具有可比性。教师挖掘课程内容中思政资源的程度，既取决于其对专业内容的理解程度，也取决于其对思政内涵的把握程度和他所具有的育人积极性、主动性。三是思政元素与课程内容是否做到了有机融合。两者之间的融合度直接决定着课程的育人实效，而评价它们之间的融合程度可以从融合的方式和融合点的深浅两个方面加以考量。评价融合方式是指考察教师在将思想政治教育融入课程教学过程中是否做到了自然无痕，因为根据教育心理学的“无意识理论”和“暗示理论”，潜移默化的育人方式和育人过程往往能带来良好的育人效果。评价融合点深浅是指考察教师所找准的思政元素与课程内容的融合点是否重点突出、深入深刻。“课程思政”不是大篇幅的讲解思政内容，这属于思政课程的任务，而是将某些思政点深度融合至专业内容，以促进学生对思政内容的认同和对专业知识的理解。

第二节　高职院校“课程思政”建设的主要任务

2018 年 6 月 21 日，教育部部长陈宝生在新时代全国高等学校本科教育工作会议的讲话中强调，把加强课程思政、专业思政提升到中国特色高等教育制度层面来认识。高校要明确所有课程的育人要素和责任，推动每一位专业课教师制定开展“课程思政”教学设计，做到课程门门有思政，教师人人讲育人。[①] 这一要求明确了高校推进“课程思政”建设的总体方向和主要任务。因此，高职院校开展“课程思政”，不能简单地增设几门课程、几项活动，而要把思想政治教育有机融入各类课程，实现思政课程显性育人与其他课程隐性育人的有机统一，促进知识传授与价值引领的同频共振。在这其中，既要把握思政课程的核心地位，也要充分发挥其他课程的育人价值，从而让所有课程都能上出“思政味道”。

一、以思政课程为核心引领“课程思政”

思想政治理论课是对大学生进行系统思想政治教育的专门课程，在高校思想政治工作中起着主渠道的引领作用。如何应对多元文化背景下各种社会思潮的影响，不断提升社会主义主流意识形态的主导权和话语权，是思想政治理论课教学需要解决的问题。习近平总书记在2016年全国高校思想政治工作会议上强调：“思想政治理论课要坚持在改进中加强，提升思想政治教育亲和力和针对性，满足学生成长发展需求和期待”。[②] 因此，高职院校要进一步加强思政课程的改革与建设，在解决如何以学生为本，回答好学生关切，增强其获得感等问题时，需要处理好以下几方面的内容：一是加强理论建设，即做好马克思主义世界观和方法论的凝练，做好中国特色社会主义理论最新成果的凝练。这既能为思想政治理论课课堂教学提供强大的理论支撑，也能为马克思主义和中国特色社会主义最新理论成果走进其他课堂教学提供理论支撑。二是加强课堂主阵地建设。高职院校对思政课程课堂教学的改进，需要从内容和形式两个方面不断创新。从内容上讲，思想政治理论课不仅要系统介绍马克思主义的世界观与方法论，以引导学生形成科学的世界观、人生观、价值观及坚定其共产主义的理想和信念，也要讲好中国特色社会主义理论、制度和道路形成的历史必然性和现实合理性，以增强学生对中国特色社会主义的认

① 陈宝生.坚持以本为本，推进四个回归，建设中国特色、世界水平的一流本科教育[N].中国教育报，2018-6-22.

② 习近平在全国高校思想政治工作会议上强调：把思想政治工作贯穿教育教学全过程 开创我国高等教育事业发展新局面[N].人民日报，2016-12-09(01).

同感，还需要讲清当下中国国内外的形势，使学生认清中国面临的机遇与挑战，明确青年人的使命，自觉将个人梦想融入民族梦想，投身于中国特色社会主义的伟大事业之中。从形式上讲，思想政治理论课既要注重理论内容的科学性、严肃性，也要创新教学方式，利用好新媒体，增强课堂的吸引力和便捷性，提高学生的课堂参与度，调动学生的积极性，形成师生之间的良性互动。三是加强第二课堂建设。要积极开展形式多样的实践活动，使学生在实践中深化对理论知识的认识，增强学生对中国的道路自信、理论自信、制度自信和文化自信。四是加强思政教师队伍建设。办好思想政治理论课，关键在教师。要严把思政教师引进关口，多吸纳一些高理论水平、强研究能力、强政治站位的思政人才；要强化思政教师的学习培训，既使其在访问交流中开阔视野、提升能力，也使其在学习培训中紧跟形势、与时俱进；要注重思政教师的科研支持，给予其政策、资金上的倾斜；要注重思政教师的人文关怀，使其工作生活得有尊严、有自信、有底气，愿意将更多的精力投身于教书育人工作之中，不忘立德树人初心，牢记人才培养使命。

二、深入挖掘专业课、通识课等课程中蕴含的思政元素

高职院校推进“课程思政”建设，需要深入挖掘、系统梳理和精确厘定专业课、通识课等课程中蕴含的思想政治教育资源，这是“课程思政”建设的基础和重点工作。各类课程中思政元素的挖掘需要做好多方面工作：一是要充分认识不同类型课程的差别和特点，具体问题具体分析，找准挖掘的着力点。高职院校专业门类众多，课程不计其数，其思想政治教育资源的蕴含量和侧重点大有不同。比较而言，哲学社会科学课程的思政元素含量显然高于自然科学课程，因此，挖掘各类课程中的思政元素，应首先着力于哲学社会科学，特别是哲学、政治学、社会学、历史学、法学等课程。当然，这并不意味着自然科学课程就无须肩负“守好一段渠”的责任，而是要实事求是、有所侧重。在对这类课程的思政元素挖掘中，重点在于体现马克思主义哲学原理的科学思维，探索追求真理的科学精神，热爱祖国、服务人民的伟大情怀，运用科学造福人类而不是毁灭人类的科学伦理等。二是要深刻认识到思政

元素的挖掘绝不是一次性工作，需要与时俱进，不断地充实和完善。这是因为随着挖掘工作和“课程思政”实践的展开，教师的认识会不断深入，在不断检验、反思的过程中，先前未认识到的重要思政元素需要补充进来。另外，思政内容本身也是不断发展变化的，随着时代的发展和中国特色社会主义伟大事业的推进，新理念、新思想、新战略会不断形成和产生并转变成不可或缺的思政内容。三是要充分发挥各级专业教学指导委员会在课程思政元素挖掘中的指导作用。

在挖掘各类课程思想政治教育资源的过程中，需要把握核心内容，即重点围绕马克思主义中国化的理论成果，以政治认同、国家意识、文化自信、公民意识、人文精神、科学精神、职业素养为重点内容，整体规划和分层设计课程的教育教学。

(1)政治认同是人们在社会政治生活中产生的一种情感和意识上的归属感，包括对政策的认同、对体制的认同以及对政治思想的认同等。它可以分为三个层次：一是初级层次的本能认同，这种认同多表现为一种天然的归属感，是人们对其所处社会组织的本能认可，如血缘认同、种族认同、地域认同等；二是中级层次的情感认同，表现为人们对社会政治组织所产生的热爱、信赖、归属等，这种认同多受到个人社会经历的驱使；三是高级层次的理性认同，表现为人们在把握社会关系的基础上，在理性指导下对某一政治理想的追求，或将自身投入到某一事业中的自觉。可以说，政治认同是意识形态建设的基础，也是思想政治教育的立足点。因此，开展“课程思政”，需要强化学生的政治认同，把党的领导、政治制度、理论体系、发展道路等作为重点内容，教育引导学生树立崇高理想，做又红又专、有家国情怀、敢于担当的时代新人。

(2)国家意识是指生活在同一国家的居民在长期共同的生产生活中形成的国民身份认同，表现为一种国家主人翁的责任感、自豪感和归属感。它在很大程度上能够激发公民的责任心与义务感，有利于国家繁荣与民族昌盛。因此，开展“课程思政”，需要培养学生的国家意识，把国家利益、国家观念、民族团结、国际视野等作为重点内容，将爱国主义精神植根于学生心中，教育引导其正确认识时代责任与历史使命。

(3)文化自信是一个民族、一个国家以及一个政党对自身文化价值的充分肯定和积极践行,并对其文化生命力持有的坚定信心。坚定文化自信是事关国运兴衰、事关文化安全、事关民族精神独立性的大问题。因此,开展“课程思政”建设,需要增强学生的文化自信,把中华优秀传统文化、革命文化、社会主义先进文化作为重点教育内容,教育引导学生正确认识中国特色和国际比较。

(4)公民意识是指公民个人对自己在国家中地位的自我认识,主要包括公民的人格意识、自由意识、责任意识等。开展“课程思政”建设,需要提升学生的公民意识,将社会主义核心价值观教育作为重点内容,引导学生成为富有社会责任感、人格健全的社会主义建设者与接班人。

(5)人文精神是一种普遍的人类自我关怀,包含两层含义:一是就人个体而言,主要表现为对人尊严的维护,对人价值的肯定,对人命运的关切以及对人全面发展的追求与塑造;二是就人类整体而言,主要表现为对各种留存的人类精神文化现象的珍视与保护。毋庸置疑的是,人文精神是一个民族、一个地区文化特性的核心要素,是衡量其文明程度的重要标尺。因此,开展“课程思政”建设,需要培育学生的人文精神,把人文情怀、人文素养、理想人格的培养作为重点内容,教育引导学生尊重人的价值,关注人类及社会的重大问题。

(6)科学精神,即实事求是、求真务实、开拓创新的理想精神,其中,实事求是乃科学精神的核心,开拓创新是科学精神的活力。开展“课程思政”,需要培育学生的科学精神,把科学方法、科学思维训练作为重点内容,教育引导学生尊重科学、追求真理,求实创新、勇于探索。

(7)职业素养是人们在社会活动中需要遵守的行为规范,主要包括职业道德、职业意识、职业行为习惯、职业技能四个方面,其中,前三项是根基部分,而职业技能是支撑个体职业人生的表象内容。高职院校肩负着为社会主义现代化建设输送技能型人才的使命,需要将提升学生职业素养摆在重要位置。因此,开展“课程思政”建设,要把工匠精神、敬业精神培育作为重点内容,引导学生努力成为恪守职业操守、技艺精益求精的大国工匠。

三、注重课程之间的内在协同、教师之间的外在协同

高职院校推进“课程思政”建设，需要形成课程体系之间的内在协同和教师之间的外在协同，这是“课程思政”建设的关键。

一方面，要构建思想政治理论课、专业课、通识课相互协同、同向同行的课程体系，画出价值引领“同心圆”，打破以往困扰已久的两张皮现象。譬如，在挖掘课程中思想政治教育资源的问题上，不能采取各门课程各自为政、单打独斗的方式，而应该倡导协同作战，注重多门课程之间的相互配合，实现思政元素的系统性挖掘。以专业培养方案为载体，首先确定专业层面的总体培养目标和挖掘要求，然后将其分解到课程群，最后再细分到每一门课程。这种方式不仅可以使不同课程的教师相互启发，避免重复性工作，也有利于同一专业内部的“课程思政”同向同行，形成合力。

另一方面，要加强思政课教师和专业课、通识课教师的密切合作。“课程思政”建设的理想情况是具有足够高思政素养和能力的专业课、通识课教师能够自行挖掘所教课程的思政元素，以此为基点实现思想政治教育与课程教学的有机融合，但就目前而言，现实与理想还有较大距离。因此，在提升专业课、通识课教师的思政素养与能力的同时，需要发挥思政课教师的指引和帮助作用。为此，高职院校应该搭建三类教师合作的平台，创新管理体制机制，鼓励多种形式的合作，如集体讨论备课、召开专题研讨、合作科研项目等。

第三节　高职院校“课程思政”建设的行动路向

高职院校作为社会主义性质的高校，需将“立德树人”作为学校教育教学工作的中心环节，充分调动一切积极因素，让所有教师承担育人职责，所有课程发挥育人功能，始终做到以“树人”为核心，以“立德”为根本。另外，产教融合是高职院校的办学模式与办学特色，主要通过校企合作、工学结合等方式，为学生搭建提高专业技术技能的平台。随着产教融合的不断深入，企业在高职院校的人才培养中将扮演越来越重要的角色，而如何发挥企业

作用,与学校共同肩负育人职责,以全面提升高职学生的综合素质,是一个需要不断探索、实践与创新的过程。因此,在产教融合视域下,高职院校"课程思政"建设需要科学规划具体的行动路向,本节将从顶层设计、队伍建设、育人体系、特色建设四个方面加以论述。

一、完善多保障的顶层设计

兵马未动,粮草先行。对于"课程思政"建设这一全国性的新型教育理念和教育实践,要想实现成功变革,就必须先做好"粮草"保障,即做好体制机制方面的顶层设计工作。

(一)国家层面

国家教育部门等需要专门出台相关政策,为"课程思政"建设提供应有的政策和经费保障。2017年中共中央教育部党组印发了《高校思想政治工作质量提升工程实施纲要》,其中提出了以"课程育人"为首的十大育人体系,并且第一次在中央文件中正式提出了"课程思政"这一概念,提出要"大力推动以'课程思政'为目标的课堂教学改革",但是该纲要中只是对"课程思政"建设提出了一个大概的思路和方向,并没有详细展开论述。随后,《关于深化新时代学校思想政治理论课改革创新的若干意见》《"新时代高校思想政治理论课创优行动"工作方案》《新时代爱国主义教育实施纲要》《新时代公民道德建设实施纲要》等文件相继出台,对新时代条件下的思想政治理论课改革、爱国主义教育和公民道德建设进行了较为全面和详细的部署、规划和指导,无疑为这些工作的实际开展提供了十分有力的政策支持。所以,国家教育部门可以将《高校思想政治工作质量提升工程实施纲要》中提及的"课程思政"建设进一步细化和深入,出台一个专门针对新时代"课程思政"建设的意见、方案或者纲要,从课程设置、教材编写、教学设计、教师队伍、科研申请及经费保障等多方面提供建议和指导。

(二)学校层面

高职院校应成立"课程思政"建设领导小组,发挥各部门职能,凝聚所有人员力量,积极推进"课程思政"各项建设,以提供一定的组织保障和制度保障。

一方面，高职院校要及时响应国家的政策要求，在学校党委的领导下，建立起以党委书记为直接负责人、各部门各单位齐抓共管的工作局面，形成“课程思政”建设的最大合力。如，成立“课程思政”教学改革领导小组、“课程思政”建设指导委员会、“课程思政”建设办公室等。与此同时，学校各部门各单位共同承担相应职责，为“课程思政”建设提供好教学服务、后勤服务等。如，教务处应加强对课程的统筹规划，在确保思政课程应有课时的同时，明确和细化其他课程的课程目标，改革教学质量考核和评价机制，将课程的思想政治教育效果纳入其中；人事处应进一步严格教师评聘制度和程序，加大对应聘教师的思想考核、品德考核和政治考核，优先选择政治方向正确、品行优良的教师；后勤部门可以通过提供教学设备齐全、环境舒适美观的教室等来为教师创造良好的教学环境等。

另一方面，高职院校要做好制度规划、评价指标体系方面的顶层设计，为“课程思政”建设保驾护航。在制度规划方面，高职院校要树立“一盘棋”意识，以全局视野统筹规划学校的“课程思政”建设方案以及与之相关的配套设施，从而为“课程思政”建设架构起牢固的制度框架体系。在评价指标体系方面，高职院校可通过发挥“课程思政”建设办公室、指导委员会的作用，制定科学的、翔实的、可行的评价指标。具体而言，高职院校“课程思政”建设的评价指标体系主要包括四个方面的内容：一是“课程思政”的背景建设，主要包括学校人才培养的目标与调整、“课程思政”建设的目标与调整这两个评价指标。前者主要考察学校各个专业的人才培养方案以及整体的人才需求形势；后者主要考察学校的“课程思政”建设现状以及学生的“课程思政”需求现状。二是“课程思政”输入建设，主要包括教学团队建设、实习实训基地建设和教学经费投入这三个评价指标。其中，教学团队建设主要考察学校“课程思政”建设的师资队伍结构，如教学名师的分布情况，主讲教师的资历情况、高层次技能型兼职教师的情况等；实习实训基地建设主要考查学校“课程思政”建设的校内实训基地和校外实习基地的情况，如基地的数量与质量，基地内模拟设备的先进性和管理情况等；教学经费投入则主要考察学校“课程思政”建设的经费到账情况。三是“课程思政”过程建设，主要包括"课程思政"建设设置、教学大纲与教学计划改革、教学方法与手段改革、教学管理建设等指标。其中,"课程思政"建设设置主要考察学校的课程设置情况,如教学课程的规划、必修课与选修课比例分配、思政课与专业课学时对比等;教学大纲与教学计划改革主要考察学校"课程思政"建设的理论教学计划设计、实践教学计划设计等;教学方法与手段改革主要考察教师在开展"课程思政"过程中的教学方法运用、网络教学资源运用、职业教育专业教学资源库的运用等;教学管理建设主要考察学校"课程思政"建设的管理制度、管理机构、管理档案等。四是"课程思政"成果建设,主要包括教师考核与激励、学生考核与激励、特色或创新成果这三个评价指标。其中,教师考核与激励主要参照前文提及的教师"课程思政"专项考核指标,将考核结果与教师的职称评定和绩效工资挂钩;学生考核与激励主要考察学生在"课程思政"开展过程中的表现情况,将考核结果与学生的奖学金评定、学生干部评定挂钩;特色或创新成果则是考察学校师生在"课程思政"方面的突出表现情况。

(三)二级学院层面

各二级学院(系)部是高职院校开展"课程思政"建设的重心。在国家政策指导和学校组织领导下,各二级学院(系)部既要明确具体职责,凝练好学院各专业的"课程思政"育人目标,又要积极动员学院教师参与"课程思政"建设,以提供必需的人员保障。

首先,学院(系)党总支要牵头开展"课程思政"建设工作,从教师选拔、项目试点、资金保障等方面制定具体的实施细则。其次,学院要做好"课程思政"建设的动员工作,既要解读、宣讲好国家有关的政策指示以及学校相关的建设工作方案,以帮助师生更好地认识"课程思政"的时代意义与价值内涵,又要选派思想觉悟高、业务精湛的专业课教师参加相关培训活动,有针对性地提升教师的"课程思政"工作能力。最后,学院要站在提升学校办学水平和人才培养质量的高度来进一步领会、把握各专业的育人目标,破除"思政教育是思想政治理论课教师的事"的思想藩篱,将思想政治教育融入到各专业课的能力目标、价值目标中、素质目标中去,大力推进"课程思政"试点工作。各二级学院

(系)部可充分利用产教融合、校企合作平台,循序渐进地推动“课程思政”案例化、项目化建设,以实现各门课程同向同行、协同育人的目标。

二、培养高素质的育人团队

课程教师是实施“课程思政”的主体,是课堂教学的第一责任人。当然,这里的课程教师主要指除思想政治理论课教师以外的专业课、通识课等其他课程教师。他们的思政意识、思政素养和思政能力对于“课程思政”能否成功开展至关重要。思政意识事关课程教师是否有意愿和积极性实施“课程思政”。不同的课程教师对于“课程思政”的开展实际上具有较大的自由裁量权,对于讲什么、讲多少、如何讲、采用什么话语方式、运用什么教学方法和手段等方面都有较大的选择空间。这意味着,课程教师的思政意识、对“课程思政”的认同感和使命感,在很大程度上决定着他们开展“课程思政”的积极性和努力程度。与此同时,课程教师所具备的思政素养和思政能力在很大程度上直接关乎“课程思政”的实际育人效果,但这也是目前课程教师的“短板”,需要大力补齐。总之,课程教师是实施“课程思政”的关键,是落实铸魂育人的重要力量。培育一支高素质的“课程思政”育人团队,需要采取多方面的措施。

第一,要培育课程教师的“课程思政”育人意识和责任担当。育人不只是思政课教师的职责,也是其他课程教师义不容辞的基本使命。教师不仅应该是学生学习知识和创新思维的引路人,而且也应该是学生锤炼品格和奉献祖国的引路人。中共中央国务院《关于全面深化新时代教师队伍建设改革的意见》突出强调,要“推动教师成为先进思想文化的传播者、党执政的坚定支持者、学生健康成长的指导者”。所以,要加强对课程教师的“课程思政”意识的培育。一方面,学校及学院应该通过会议、讲座、宣讲等多种形式及时组织课程教师学习党和国家的相关政策和重要会议精神,使课程教师拥有关于“课程思政”的基本认知,产生“课程思政”意识。另一方面,通过学校及学院关于“课程思政”进行的一些制度改革,尤其是与奖惩相关的制度改革,更能进一步提高课程教师的“课程思政”意识。考核是指挥棒,是导航仪，教师做什么和怎么做，在很大程度上取决于他们对考核什么和如何考核的看法。科学合理的“课程思政”绩效考核和激励机制，是推动课程教师落实立德树人根本使命、改进课堂教学、防止空洞说教和形式主义的关键。因此，高职院校及其二级学院可设立“课程思政”专项绩效考核，将课程教师参与“课程思政”的工作情况与其年终考核、职称晋升、职务调整、工资待遇挂钩，提升教师的积极性、主动性，强化其“课程思政”育人意识。

第二，要提升课程教师的思想政治教育理论素养。“课程思政”的实质是将思想政治教育元素融入课程教学中，以实现知识传授与价值引领的有机统一。其中思政元素是十分丰富的，它包括理想信念、理论知识和价值观念等诸多内容，而教师只有在了解、掌握这些内容的基础上，才能运用它们去影响学生。因此，提升课程教师的思想政治理论水平是十分必要的。一方面，学校及学院可通过各种培训活动，对课程教师开展马克思主义理论教育。马克思主义理论既是世界观，又是方法论，是人们认识世界和改造世界的强大思想武器。对课程教师进行马克思主义理论教育是提升其思想政治理论素养最直接、最有效的办法，也能为教师开展“课程思政”奠定坚实的理论基础。因此，各学校学院可在了解课程教师思想政治理论水平现状的基础上，统筹规划，合理安排，制定科学的培训方案，举办内部或内外合作的教师培训活动。值得注意的是，培训内容要适当掌握理论深度，不能追求大而全，要以马克思主义为指导，以中国特色社会主义理论为主线，以社会主义核心价值观、职业道德教育为重点。在培训过程中，要做到“三结合”，即结合社会现实热点、思想理论难点和专业课教学中的疑点开展培训，使课程教师的思政培训落实、落小、落细，提升教师的获得感。另一方面，学校及学院可通过各种实践研修活动，对课程教师进行党的路线方针政策教育、国家法律法规教育、党史国史教育等。例如，可以有计划地安排教师在寒暑假期间前往井冈山、延安、遵义等红色教育基地接受实践研修，开展现场教学、情景体验式等红色文化教育。让更多课程教师走进红色课堂，近距离感悟革命先烈的英雄事迹，接受深刻的革命传统和党性教育，使课程教师的灵魂得到净化与洗礼，提升其精神境界和思想觉悟，进一步锤炼党性修养，坚定教师的理想信念。

第三，要提升课程教师的思想政治教育能力素养。有的教师担心，专业课、通识课中引入思政内容会冲淡课程学习，会影响教学进度。这种顾虑有一定道理，因为如果处理不好“思政”与专业的关系，如果不能将思政内容有机融合到课程教学中，出现生拉硬扯、“两张皮”现象，就极有可能导致适得其反的后果。但是，如果处理得当，做到“基因式”融合，就会形成“思政”与“专业”相长的良好局面。在这其中，教师的思想政治教育能力素养至关重要。一方面，课程教师要提高将知识传授与价值引领相结合的能力。虽然教育本身是要实现教书与育人的统一，但是在现实中随着学科专业的细化，教书与育人似乎也逐渐被割裂，教书成为一般课程的任务，育人则成了德育类课程的任务，知识性与价值性被割裂。思政课也存在这样的问题，但是相对其他课程来说情况可能稍微好一些，因为思政课本身就是知识性与价值性的统一，尤其是对价值性的强调。所以，课程教师可以适当地去听一些思政课，学习、研究和借鉴思政课教师是如何在知识传授的过程中进行价值引导的。与此同时，课程教师还需在教学内容和教学方式两个方面下功夫：首先，充实教学内容。课程教师要充分挖掘课程中所蕴含的思想政治教育资源，凝练相关思政元素，将其整合进专业知识体系之中，以实现自然转换、无缝对接。其次，改进教学方式。“课程思政”的教学方式需注重隐性教育，尽量避免生硬说教、机械表述。教师在课程教学过程中，对思政元素的引入要自然而然、水到渠成，不宜简单地、直接地灌输思政内容。教师还可结合大学生的身心发展水平和思想观念层次，采取灵活多样的讲课方式，运用现代信息技术，穿插具体、生动的思政案例，以增强课堂教学的亲和力、吸引力，达到良好的育人效果。另一方面，课程教师要提高辨别、批判和抵制错误思潮和不良言论的能力。习总书记强调：“要正确把握学习的方向。忽视了马克思主义所指引的方向，学习就容易陷入盲目状态甚至误入歧途，就容易在错综复杂的形势中无所适从，就难以抵御各种错误思潮。”因此，政治正确是“课程思政”的基本要求。课程教师一定要坚持正确的政治方向，站稳政治立场，强化政治意识，增强政治定力，严肃政治纪律和政治规矩，提高政治鉴别力和政治敏锐性，自觉抵制西方价值观念的侵蚀，防止不知不觉中成了西方资本主义意识形态的吹鼓手。

第四，要加强课程教师的师德师风建设。习近平总书记在同北京师范大学师生代表座谈时提出：“好老师首先应该是以德施教、以德立身的楷模。师者为师亦为范，学高为师，德高为范。老师是学生道德修养的镜子。”[①]学识渊博、品德高尚的课程教师，可以对大学生形成道德示范，产生潜移默化的思想政治教育效果。一方面，高职院校要重视师德师风建设，建立行之有效的常态化机制，强化教师主体意识，加大激励政策，严格师德师风考核，健全保障机制，将师德师风建设与党风廉政建设相结合、与意识形态建设相结合、与校园文化建设相结合等，从而以优良的教风带动形成优良的学风，营造良好的校园风气。另一方面，教师个人要努力提升自身素养，培育广阔视野，成为具备学习、处世、生活、育人各种智慧的智慧型教师。要自觉以“三个统一”为行动标准，以“四有”好老师为发展目标，全面提升新时代教师职业形象。[②]

三、构建全方位的思政育人体系

“课程思政”的建设有赖于全方位的思想政治教育体系，它主要包括课程体系、方法体系和育人机制等方面。值得注意的是，在产教融合的人才培养模式下，高职院校思想政治教育体系的建设不能够只局限于学校范围内，应该从战略高度建构起学校和企业协同育人的一体化体系。

第一，要完善思想政治教育的课程体系。在产教融合背景下，高职院校的课程一般可划分为公共基础课、专业课和企业实践课三大类。由于不同专业、不同课程均有其内在的学科属性，产教融合人才培养模式下的思政教育不能一概而论，更不能走以往强行灌输的填鸭式教学老路。因此，高职院校建构产教融合视域下的思想政治教育课程体系，需要在把握三类课程思想政治教学特性的基础上，研究三者的协同育人途径。公共基础课、专业课

① 习近平在北京师范大学考察时号召全国广大教师 做党和人民满意的好老师[N].人民日报，2014-09-10(01).

② 付丽丽，周文山.产教融合背景下对高校思政课程与课程思政的探索与实践——以中澳·万豪酒店管理学院为例[J].吉林工程技术师范学院学报，2019(08).

和企业实践课在教学环境、教学内容和教学方式上皆存在不同。首先，在教学环境上，三类课程的教学主要包括校内和校外两大教学环境，思想政治理论课和文化课等公共基础课以及专业课的教学主要在校内进行，企业实践课教学则在校外进行。由于上课人数的差别，公共基础课一般采取大班制教学，专业课多采取小班制教学，而企业实践课则以微小班制为主。其次，在教学内容上，公共基础课教学主要是一种通识教育，以思想教育、政治教育、道德规范教育为重点内容；专业课教学主要是一种专业理论、专业技能教育，在讲授专业知识的过程中，需要有针对性地融入以职业素养为主的思政教学内容；企业实践课教学是一种操作技能教育，需要通过言传身教的方式，将价值观、职业观教育渗透到学生日常的实习实训中。最后，在教学方式上，公共基础课教师在进行思想政治内容教学的过程中，多采取讲解故事、分析案例、观看视频的方式；专业课教师在将思政教育融入专业教学的过程中，多采取情景模拟、案例解析的形式；企业实践课则主要依托行业师傅、企业导师的言传身教。

因此，为最大限度地提升产教融合模式下的思想政治教学实效性，高职院校需要根据三类课程的教学特性以及学校的教学安排（目前我国高职院校一般采取三年制教学），将思想政治教学内容充分合理地融入三类课程中，以形成协同式教学模式。在第一学年，学生以学习公共基础课和专业基础课为主。在该阶段，要充分发挥思想政治理论课的主阵地功能，以学生喜闻乐见的方式，将教学内容与我国优秀文化相结合，与我国具体实践相结合，教育和引导学生掌握科学的世界观和方法论。同时，要充分发挥思政课程的引领作用，充分挖掘专业基础课中蕴含的人文道德、专业伦理、职业操守等德育元素，在授课的过程中传播正能量，突出爱国主义、集体主义教育。在第二学年，学生以学习专业理论课和部分实训课为主。在该阶段，高职院校的思想政治教学要有所侧重，激活专业课中的思想政治元素，以专业知识为基础，以社会主义核心价值观为导向，以经典案例为载体，找准切入点，将与未来就业岗位相联系的专业伦理、职业素养以及企业文化等内容融入课程教学中，从而提升专业教学的思想性和人文性，实现"课程思政"教学改革的深度化。在第三学年，学生以进入企业进行实践锻炼为主。在这一时期，对学生的思政教育主要依托企业师傅，他们通过言传身教的方式将职业素养、工匠精神、敬业精神、创新精神等体现于日常工作中，潜移默化地影响学生，以此实现思政教学由理论教育向实践应用的转变，学生从专业成才到精神成人的转变。

第二，要完善思想政治教育的方法体系。一方面，要坚持以学生"真学真懂真用"为归宿，实现从"以教为中心"到"以学为中心"的转向。习近平总书记指出，思想政治工作"必须围绕学生、关照学生、服务学生"。[①]"课程思政"的作用对象是学生，需要针对学生的思想实际及其合理需求开展教学，只有这样才能充分调动起学生参与课堂的积极性和主动性，不断提升"课程思政"的温度和效度。与此同时，教师要创新话语表达形式，以学生喜闻乐见的话语风格和教学方式提升课程质量，实现知识传授的规范性、严谨性与思政教育的生动性、感染力的有机统一。另一方面，构建各类课程体系新范式，实现课程由课堂内向课堂外的延伸。高职院校举办的实践活动类型多样，既有团委举办的文艺活动、社会实践、志愿服务，又有思政教师举办的课程实训、红色教育，还有专业教师举办的市场调研、综合实训等。这些活动都是为了锻炼学生能力，提升学生素质，但在以往的活动中，一般都是谁主办谁指导，难以发挥多维度的育人效力。因此，要在"第二课堂"中充分发挥思政教师与专业教师的共同指导作用，将思想政治教育融入社会实践、志愿服务、红色教育等活动，融入专业实训、市场调研等过程。这种联合指导能够帮助学生在进行社会服务和社会实践时更加专业，在专业学习中培养艰苦奋斗、脚踏实地的优良作风。与此同时，要加强对学生企业顶岗实习的指导。学生入校之后，学校为学生分别配备一名学校导师和一名企业导师，通过"双导师制"对其进行指导。二者分工不同、各有侧重。实习之前，学校导师发挥主要作用，指导学生的专业学习，企业导师辅助进行职业规划；在实

① 把思想政治工作贯穿教育教学全过程 开创我国高等教育事业发展新局面[N].人民日报，2016-12-09(01).

习过程中,企业导师发挥主要作用,指导学生的实际操作和技能培训,学校导师辅助对学生进行课程指导和心理疏导,这种"双导师制"能够促进产教融合和"课程思政"的有效结合。

第三,要完善思想政治教育的育人机制。纵观以往的思想政治教育,各学校之间、学校内各部门之间各自为政的多、协同育人的少,这就使得思政教育的有效性大打折扣,而"课程思政"的目的就是共筑协同育人的大思政格局。这一育人格局除了前文所提及的思政课程和其他课程的协同育人,还包括学校内部以及学校之间的协同育人。从学校内部来讲,各职能部门和系部之间都需将"立德树人"作为其运行的总目标,将"课程思政"的要求贯穿到各部门的日常工作、师生的行为规范、学生的培养计划之中,共筑全员育人和全体系育人的机制。例如,学校的相关教学单位就要充分发挥自身职能,围绕价值塑造、能力培养、知识传授的三位一体教学目标,完善教学管理体系,健全课堂教学管理办法,优化教学评价制度等,为"课程思政"提供相应的教学管理工作。从学校外部讲,各高职院校之间也要发挥好各自优势,共筑协同育人机制,这方面已有一些尝试。如由复旦大学、上海交通大学等沪上高校承担的包含四十二个专题的"中国系列"课程,在选题上既有总体设计,囊括了新时代中国内政和外交的主要方面,同时又发挥了各校的专业特色,是搭建跨学科思政教育平台的成功尝试。由教育部牵头、各地教委具体负责,集中了各地名师的"学习新思想 千万师生同上一堂课"活动,也是高校发挥各自优势、协作育人的范例。因此,高职院校之间也应该加强这方面的探索,在现有的协同育人机制的基础上,探索新的形式,充实新的内容,形成学校间协同育人的长效机制。

四、开展有特色的"课程思政"

与其他高校一样,高职院校同样承担着人才培养、科学研究、社会服务、文化传承与创新的重要功能。但与其他高校不同的是,高职院校又具有自己独特的办学模式和办学特色,那就是职教特色。因此,在产教融合的人才培养模式下,高职院校开展"课程思政",一定要紧密结合学校实际,结合合作企业，结合职教特色，具体问题具体分析，有步骤、有计划地开展有特色的“课程思政”。

第一，要结合学校特色开展“课程思政”。从地区划分来看，对于少数民族地区的学校，要结合少数民族的人文历史、风俗习惯、思维方式和语言特点进行“课程思政”建设，讲清楚中华民族共同体的历史渊源、理论基础和现实依据，着重培育少数民族地区学生对中华民族、对中华文化、对中华人民共和国、对中国共产党的认同意识；对于港澳台地区的学校，要结合“一国两制”的特殊情况重点加强爱国主义教育，提高学生辨别、抵制和批判错误思潮和言论的能力，加强学生对中国特色社会主义、对中国共产党和对国家的认同和热爱，培育爱国情、强国志和报国行；对于其他地区的学校，也应该结合各自的地域特色、实际情况进行各有特色的“课程思政”建设，如在红色文化地区的学校应该着力加强对红色历史文化资源的挖掘和运用，弘扬革命精神和优良传统道德；在历史文化古城地区的学校则可以重点结合历史底蕴，通过英雄人物、历史事件等对学生进行人文素养、爱国情怀、民族共同体意识等的培育等。

第二，要结合企业文化开展“课程思政”。在校企合作、产教融合的人才培养模式下，企业文化不可避免地会对高职学生职业精神、职业素养培育产生重要影响。因此，高职院校实施“课程思政”建设，要将优秀企业文化、卓越企业家精神中蕴含的思政育人元素融入理论与实践教学中，不断增强“课程思政”的实效性和时代感。一方面，要遴选共性元素对学生进行企业文化教育，特别是要将现实生活中信誉良好、技术过硬的优秀企业文化元素作为学生职业道德培育的重要素材，如立志让“让世界爱上中国造”的格力文化、倡导“以奋斗者为本，长期坚持艰苦奋斗”的华为精神，等等。通过解读、分享这些优秀企业的工作案例、发展历程等，将企业文化、企业家精神融入学生专业学习与实习实训的各个层面和环节，提升学生的职业道德与责任意识。另一方面，要采取“引进来”和“走出去”相结合的方式，整合教学资源，以提升学生综合素质。通过“引进来”的方式，邀请行业能手、技能大师、“双师”专家等杰出人士参与到“课程思政”建设过程中，开展现场宣讲、交流学习等活动，给学生创造近距离接触行业楷模的机会，使学生感受卓越匠师的职业素养与人格魅力；通过“走出去”的方式，让学生进入优秀企业顶岗实习，或聘请优秀企业的管理人员现场指导学生的实习实训，使学生身临其境地感受企业文化的内在价值，实现技能培训与职业精神的有效融合。

第三，要结合工匠精神开展“课程思政”。高职院校承担着培养高素质技能型人才的重要使命，职业性是其人才培养的显著特征。这里的“职业性”不仅包含职业技能，更包含以“工匠精神”为核心的职业道德。因此，高职院校实施“课程思政”，要将工匠精神的丰富内涵深度融入教育教学全过程。一方面，课程教师要深入挖掘工匠精神中“技”“德”合一的重要价值，并以就业适应能力培育为导向，将其有效融入课程教学的培养目标、培养方式、过程评价、效果考核等环节中，彰显立德树人的办学使命。另一方面，高职院校要将工匠精神培育与顶岗实习、企业锻炼、技能培训等实践教学有机结合，引导学生在实践教学的过程中，通过职业角色扮演、职业场景模拟等实操锻炼，不断深化对职业岗位的认知与感悟，引导学生走出单纯进行技能传授而忽视职业素养的培育误区，使工匠精神在高职院校“课程思政”建设过程中得到不断深化。

第八章 高职院校部分课程思政元素分析

我国高职院校承担着培养技能型人才的主要任务，在专业设置中，工科专业所占比例较高，更加强调实践性与操作性。相对于文科专业，工科专业开展“课程思政”的难度更高，而教师的主动性也相对较差，推行“课程思政”的热情较低。为了给高职院校“课程思政”建设提供最直观的借鉴作用，本章将对高职院校部门课程（尤其是工科类专业课程）中所蕴含的思政元素进行具体分析。

一、课程名称：系统可靠性分析与设计

1.可靠性与制造强国的关系。可靠性学科源于二次世界大战，并在大国军事博弈、国家竞争和科学技术进步中走向成熟，通过军转民惠及普通百姓。该门课程可从学科起源和发展历程中提炼素材，结合德国、美国、苏联以及日本等发达国家的发展历程，阐述产品质量、可靠性与制造强国的内在关系，启迪学生思考中华民族的复兴之路。

2.可靠性与创新意识的关系。系统可靠性分析与设计方法，如可靠性框图、故障树分析、故障模式与影响分析以及各种维修理论等，均源于航空、航天、电子、核电等重大工程或产品研发需求，最终形成各具特色和创新的理论方法，通过工程应用推动社会进步。因此，可靠性工程学科与创新意识密不可分。该门课程可以以各种理论方法的起源与发展或现有理论方法及其工程应用存在的不足为切入点，引导学生树立创新意识。

3.可靠性与工匠精神的关系。德国、美国、苏联、瑞士、日本等国历史和社

会制度不尽相同,但是它们均成为制造强国和世界强国。究其原因,与这些国家崇尚爱岗敬业和严谨的工匠精神不无关系,形成了高度重视产品质量和可靠性的社会氛围。该门课程可从各国可靠性领域知名的科学家和工程师入手,如德国火箭专家Lusser、美国质量专家朱兰和戴明、我国"两弹一星"元勋钱学森教授等,通过讲述他们的事迹,让学生领略其工匠精神和人格魅力。

4.可靠性与职业伦理、工程师社会责任的关系。可靠性的对立面是不可靠、故障、失效、事故、灾难和经济损失。显然,若产品不可靠将会造成重大的人身损害和财产损失,严重危害自然环境和生态安全。该门课程可通过梳理典型案例,分析因工程师职业伦理缺失、责任感不强等原因导致的灾难,培养学生严谨、规范、合规、守法的意识,增强学生的社会责任感。

二、课程名称:机械设计基础

1.机械发展与爱国主义教育。中国是世界上机械发展最早的国家之一。中国古代在机械方面有许多发明创造,在动力的利用和机械结构的设计上都有自己的特色。该门课程可通过列举具体实例,培育学生的民族自尊心与自信心,提升民族自豪感,激发学生的爱国情怀。

2.摩擦、磨损及润滑概述与节约意识培育。中国能源问题已经成为国民经济发展的战略问题,随着中国工业化、城市化进程的加快,在未来中国能源消耗问题将日益突出。而研究摩擦、磨损就是为了减少材料损失,节约能源消耗。因此,可将这一知识点与培养学生的节约意识结合起来。

3.带传动、齿轮传动、齿轮系与人生观教育。(1)带传动中的皮带如果一直处于绷紧的状态,在工作一段时间之后弹性会逐渐消失,影响使用寿命。因此,当带处于较长时间不工作的状态时,应将皮带放松。以此教育学生,在我们的学习及工作生活中,应注意张弛有度,过紧易折。在压力下,找到适当的排解舒缓的方法,保持良好的心理状态,才能走得更久,走得更远。(2)齿轮设计准则实际是一个找出齿轮弱点,再针对弱点设计的原则。把这种设计思想引入学生的德育中,即个人应该常常自省,寻找自己的缺点,及时发现自身的思想薄弱点、意志薄弱点,及时调整和矫正,使自己回到正确的人生轨道，并且使人格趋于完善。(3)集体仿佛是一个齿轮系统，而个人是一个齿轮。当个人思想出现偏差，素质不达标时，则会影响整个集体的发展。为了使集体可以高速地运转，个人应该不断学习，使自身的思想与集体的思想吻合，努力提升自己的水平，满足集体的要求，这样才能为集体做出更多的贡献。如果每个人都肩负了集体责任感，同时具有集体荣誉感，那么一个集体的良好运转就是水到渠成的事情。

三、课程名称：工程制图

1.手工绘图、立体三视图绘制与职业道德教育。通过给学生讲述老一辈技术工程师的励志故事，培养学生吃苦耐劳的精神、耐心细致的工作作风和严肃认真的工作态度；通过教学实际训练过程中的规范要求，强化学生的职业道德意识、实践能力和创新创业能力。

2.零件的技术要求与爱国主义教育。通过讲解参数的设定原则，引导学生树立社会责任感，减少社会资源浪费；通过比较中国与发达国家的技术差距，激发学生的社会责任感和爱国热情，自觉投身于学习技能和报效祖国的生动实践中。

四、课程名称：机械制造基础

1.金属材料基本知识与历史观教育。人类社会的发展历程，是以材料为主要标志的。历史上，材料被视为人类社会进化的里程碑。对材料的认识和利用的能力，决定着社会的形态和人类生活的质量。历史学家也把材料及其器具作为划分时代的标志，如石器时代、青铜器时代、铁器时代、高分子材料时代……又如：夏商周秦时，出现了铜，制成各种器具和武器；汉清时，冶炼铜、铁，铜为器具，铁为武器；近代，钢；现在以及未来，合金。通过讲述金属材料的发展历史，引导学生了解历史、铭记历史。

2.钢的热处理与爱国主义教育。一方面，经过多年的发展，中国钢铁产业取得了举世瞩目的成就，逐步步入成熟的发展阶段。1949 年中国钢铁产量只有 15.8 万吨，到了 2013 年突破 10.67 亿吨。通过列举中国钢铁产量的变化，培养学生的民族自豪感。另一方面，就目前现状而言，我国钢铁 12.6 亿吨产能，8.5 亿吨消耗量，1.4 亿吨极限出口量，过剩产能 2.7 亿吨，出现了产能严重过剩、市场秩序混乱、效益严重低下等问题。通过分析当前我国钢铁生产存在的问题，鼓励学生努力学习，建立自信心，为解决钢铁行业的难题贡献自己的力量。

3. 金属材料与环保意识培育。大多数金属材料被破坏后不能被再次使用，不仅污染环境，还会造成资源的浪费（如铁生锈、铜氧化等）。一直以来，环境污染都是社会的一大公害。由于环境的污染，大气层的温度不断地提高，天灾也在不断地发生，因此只有保护好我们的环境，不污染环境，才能够使人们的生活质量有所提升。为了解决这一问题，人们发现了金属材料——铝，这是一种环保的金属材料，其中铝板已经在很多地方得到了应用，但其应用还不够广泛。在此通过培养学生的专业自信，让他们相信通过自己在专业方面的努力不仅可以节省资源，而且可以为“美丽祖国”这座大厦添砖加瓦。

4. 非金属材料与环保意识培育。高分子材料属于非金属材料的一种。生活中常见的橡胶、塑料和纤维等都属于高分子材料，烧毁不达标的塑料生活用品会污染环境，危害人类的健康。引导学生在生活中做到垃圾分类，杜绝使用不合格塑料用品及养成少使用塑料、一次性餐具等好习惯，为环保贡献微薄之力。

五、课程名称：设备管理

1. 设备管理与大局意识培育。机器设备在企业中处于十分重要的地位，影响着企业生产经营活动的全局。涉及设备采购，特别是国外设备采购的时候，要做好充分的准备，做好设备技术水平和投资经济效果的预估，争取国际贸易中最大的经济效益。因此，号召学生在学习专业知识的同时，要有大局观和大局意识。与此同时，让学生意识到我国的制造业水平在国际上所处的地位，意识到目前还存在的差距；让学生了解到我国加入 WTO 以后，企业所面临的国内、国际市场的激烈竞争，如果企业要想在激烈的市场竞争中生存和发展,必须不断提高自身整体装备水平,加快企业的设备更新和设备技术改造。

2.设备管理与工匠精神。做好设备运行和维护的日常工作,需要发扬工匠精神。党的十九大报告中提出"建设知识型、技能型、创新型劳动者大军,弘扬劳模精神和工匠精神,营造劳动光荣的社会风尚和精益求精的敬业风气"。其中,"工匠精神"的基本内涵包括敬业、精益、专注、创新等。敬业是从业者基于对职业的敬畏和热爱而产生的一种全身心投入的认认真真、尽职尽责的职业精神状态。中华民族历来有"敬业乐群""忠于职守"的传统,敬业是中国人的传统美德,也是当今社会主义核心价值观的基本要求之一。早在春秋时期,孔子就主张人在一生中始终要"执事敬""事思敬""修己以敬"。"执事敬"是指行事要严肃认真不怠慢;"事思敬"是指临事要专心致志不懈怠;"修己以敬"是指加强自身修养,保持恭敬谦逊的态度。精益是从业者对每件产品、每道工序都凝神聚力、追求极致的职业品质。所谓精益求精,是指已经做得很好了,还要求做得更好。"天下大事,必作于细",能基业长青的企业,无不是精益求精才获得成功的。通过解读工匠精神的具体内涵与讲述大国工匠的具体事迹,引导学生形成工匠意识,坚守工匠责任。

六、课程名称:汽车保险与理赔

汽车保险与职业道德教育。介绍风险时,提示同学们在学习、实训、工作中要有风险意识;讲保险合同条款、保险投保时,引导同学们养成认真、诚信的工作作风;讲保险核保与承保时,引导同学们养成严谨、细致的工作作风;讲查勘、定损工作职责和工作流程时,引导同学强化认真、热情、诚信的工作态度;讲核损、核赔岗工作时,引导同学强化细致、实事求是的工作态度;通过分析欺诈案例,展示不诚信的后果,帮助同学们确立诚信守法的工作底线。

七、课程名称:汽车电器系统的诊断与维修

通过宣讲知名技师的事迹,培养学生敬业、精益、专注、创新的工匠精神。

(一)李虎——长安自主轿车“调试第一人”

在长安汽车厂,提起李虎,谁都会竖起大拇指。“有问题,找李虎!”新车型试调出现问题,经过李虎的手,总能找到解决办法,高质高效地完成任务,送到客户手中。从业26年,李虎在工作岗位上埋头苦干、潜心钻研,凭着对自主轿车的执着热爱,不断提高自己的业务知识与操作技能,以扎实的工作作风、积极的工作态度、高超的装调水平,成为了技能成才的典范,实现了自己的人生价值。他也获得了汽车调试高级技师、全国技术能手、中国兵装技能大师、国务院特殊津贴专家等一系列荣誉。

1.逐梦,勤学善思紧跟行业脉搏

1992年,刚从部队转业的李虎进入长安汽车制造厂从事汽车下线调试工作,开始了他的职业生涯。刚开始,门外汉李虎很不适应这份工作。但是他有股子不服输的劲头,一有空就往书店里钻,翻阅汽车维修和理论书籍。他常常看书到深夜,第二天上班再将书里的知识点与实车进行对照学习,尝试着维修。经过几个月的勤学苦练,李虎进步很快,基本能全面修理汽车了。随着汽车电子技术的快速发展,汽车电子新技术、新功能大量运用,化油器结构被电控系统全面取代。汽车调试、售后维修也随之发生了根本性转变,许多汽车电器调试工因为无法适应变化,纷纷选择离开。行业改革的巨浪并未让李虎动摇。工作以来积累的汽车维修理论知识帮助他迅速融入新车型、新技术的调试维修工作中。当时,下线车辆电控电器故障和全国各地售后的维修技术请求像雪花一样从四面八方飞来。李虎既要加班加点对下线车辆故障进行快速维修,还要飞往全国各售后维修店去解决和处理各种问题。在几次出差后,好几家维修站都看中了李虎过硬的技术和扎实的理论功底,开出了高薪和优厚的条件想要留下他,却被他婉言谢绝了。“长安给了我成长的土壤和动力,我对它有一份责任和感情。”李虎说,自己想和长安一起成长。而这一干,就是26年。

2.成长,攻坚克难练就一身本领

一路走来,由于条件艰苦,李虎身边的工人们走了一批又一批,但李虎的热情却未受到影响。凭借着不怕吃苦、迎难而上的工作劲头,李虎逐渐在工作中成长起来，成为了长安汽车重要的技术骨干。在工作中，李虎苦心专研，以打造长安公司成本领先优势为出发点，为公司降本增效做出了不少贡献。他带领团队在 SC6350 车型试制期间，攻坚克难，解决了影响 SC6350 车型发动机燃油电控系统的一系列电器电路装调问题，打通了生产瓶颈，保证了 SC6350 车型从试制转生产的提质上量。同时，通过细心观察，结合自身经验，李虎提出 CV6 发动机线束装配位置调整建议，优化空调系统装配工艺，解决 CM9 右前 A 柱内饰板、胶条、顶棚装配不到位等问题，为公司节约成本近 400 万元。2004 年，渝北新工厂开始试生产，长安自主设计的第一辆车 CM8 也即将赴北京参展，紧急关头，生产过程却状况不断。李虎临危受命，被特派到渝北工厂提供 15 天的技术支持，带领大家顺利解决了新车试制和展车调试问题。任务完成了，李虎却没有回原工厂，而选择留在了渝北新工厂。“新环境更有挑战，我们搞技术工作的，就喜欢迎难而上。”李虎说。工厂启动初期，每天都面临各种问题，李虎既是技术员、又是焊工、调试工、调试电工，还是质量员，每天要奔走于车间各个角落，加班更是家常便饭。在李虎和同事们的共同努力下，渝北工厂的生产运营逐渐步入正轨，成为了长安汽车重要的生产基地之一。

3. 传承，以“匠心”传递更多力量

如今，李虎在追求技术创新的同时，也为培育新一代技术人才而操劳。“把自己的技术和经验分享出来，培养强大的技术团队，能更快地解决生产及调试中的各种问题。”在李虎看来，打造国产汽车品牌，必须建立人才梯队和专业团队，源源不断地注入新鲜血液。面对工厂大量技能人才的需求，他毫无保留地将自己的操作技能、技术传授给新人，参与编写教案，组织汽车调试员工培训。同时，通过名师带徒、结对子、以赛代练等多种方式推进高技能人才的培养工作。2011 年，李虎牵头成立渝北工厂“虎之队”。每个季度他都会带领队员们深入售后市场，进行疑难问题解决与收集。实践中，队员们的综合技能得到很大提升，迅速成长为长安汽车发展的中坚力量。2017 年 11 月，李虎技能专家工作室被人力资源和社会保障部授予国家级“李虎大师工作室”。2012—2017 年，李虎被聘为第 42、43、44 届世界技能大赛中国国家队汽车技术项目教练组组长，负责世界技能大赛汽车技术项目国家队选手的选拔培养工作。在他和专家组的精心栽培下，我国选手取得了喜人的成绩。杨广、陈思良、杨文浩等选手在历届比赛中斩获奖项，一批批优秀人才的脱颖而出，为我国汽车行业的发展提供了充足的养分。“我始终相信，凭借‘匠心’能孕育出更大的力量，培养出更多优秀的汽车调试工匠。”李虎说，有更多年轻人沉下心坚守一线，国产自主轿车的明天才更有希望。

（素材来源：中国财经观察网）

（二）王志伟——北汽集团首席技师

汽车装调工需要将上万个零件组装、调试，确保每一个螺丝、每一根线都精准无误，汽车才能正常运转，但其中一条线路出了问题，往往很难检测，他经过多年的摸索，总结出了一套独有的车辆电路系统调整检测技术和故障排除方法，能够快速检测并排除故障。从初级工到高级技师，一般人需要十多年，他在一次大赛中便完成技术五连跳。新的车型引进后，外国来的技术支援专家都解决不了的技术问题，他两个小时就解决了。他就是北汽集团首席技师王志伟，北汽集团及北京现代“80后”青年技能人才的典型代表。自2002年加入北京现代，王志伟长期从事汽车装调工作，是北京现代中韩双方一致认可的“一线工人技术专家”。

1.技能等级实现五连跳

王志伟是顺义本地人，从小就喜欢玩机械。初中毕业后，王志伟考进北京汽车工业学校读中专。中专毕业后，他就来到北京现代公司的前身——北京轻汽公司，在总装车间工作。2002年，北京现代成立后，他转入北京现代总装车间工作。

“北京现代当时生产索纳塔，我在生产线上当装配工人。和北京轻汽公司比起来，北京现代要忙碌得多，每天早上8点上班，晚上8点甚至10点才下班。最艰苦的是在2003年，作为生产线上的操作工，看不见前途，当时产生了思想波动。”王志伟说。但转机也出现在那一年，北京现代产能从5万辆扩充到15万辆。此时，车间维修班组招人，新班组负责维修刚下线的新汽车，技术含量高，进去需要考试。23岁的王志伟和上百名员工一起报名考试，最终获得前6名，顺利进入维修班组。“从汽车装配工转为汽车装调工是个转折，学了几个月后，我就开始独立操作了。”珍惜难得的机会，王志伟开启了日夜兼修的学霸模式，他抱着一大摞各类车型的电路系统调整检测方法和故障排除方法，成为维修组里人人竖起大拇指的“大拿”。

机遇总是垂青有准备的人，2004年，新世纪北京职业技能大赛举办。为了检验自己进入维修班组一年来的学习成果，王志伟报名参加比赛，“那时我压力很大，毕竟只是一个刚毕业不久的中专生，又是一个初级工。有压力才有动力，只有努力证明自己的实力，所以别人在玩的时候，我也要看书复习。”最终，王志伟通过了初赛、复赛进入决赛，获得全市第七名。按照技能大赛比赛规则，王志伟也实现了从初级工到中级工、高级工、技师、高级技师的五连跳，登顶国内工人技术评价体系的最高峰。

2.做青年职工发展引路人

自工作以来，王志伟解决了生产技术难题120余项，其中优秀创新成果27项，实用新型专利11项，生产改善项目300余项。2009年，在自身不断取得各类技术创新成果的同时，公司成立了“王志伟首席技师工作室”。王志伟在创新工作室主要做工具工艺改善、人才培养、经济技术创新提案、成果完善等4个大项的内容。也依托这个平台，开展各种相关职业技能的培训并担任讲师，不断推进技能型人才培养工作。他带领工作室成员在公司“两投一提”项目中提出问题改善措施160余项，节约金额近740万元。他还编写《汽车电器系统》和《四轮定位》等7套培训教材，供青年技工们学习。

经过多年的坚持和锻造，“王志伟首席技师工作室”为公司发展培养了一大批优秀的青年技术人员。2010年8月，北京市第十四届技能竞赛中，王志伟的徒弟中有2名获得汽车装调工技师，7名获得汽车装调工高级工；2011年，公司汽车装调工技师晋级辅导工作中，王志伟辅导的8名技师中，1名被聘为3级技师，4名被聘为4级技师；2012年，在王志伟的主导下，车间职工培养共计39285工时，提出提案改善31830件，参与率高达215%，占公司第一；组织462名职工参加了北京市职业技能大赛，培养了技师16人，高级工80人，中级工82人，初级工161人。

这些年轻技师如今也成为北京现代布局杨镇工厂、沧州工厂、重庆工厂的建设者，逐渐成长为影响一批人、带动一批人的青年技术榜样。在“十三五”人才培养规划中，“王志伟首席技师工作室”打造“大厂工匠 百炼成钢”人才培养品牌和“一室五站”人才培养模式，为北京现代人才培养提供了全新有效的范本。

（素材来源：《劳动午报》）

（三）李凯军——从一汽技工到中国十大国匠

每一位卓有建树的工匠都是先立志而后奋发，今年50岁的李凯军就是一位这样的人。1989年，李凯军从中国一汽集团技工学校毕业后，就到一汽铸造公司模具厂当上了一名钳工，李凯军在这个工作岗位踏踏实实地坚守了31年。31年来，李凯军制作的复杂精尖模具数不胜数。由于李凯军爱岗敬业、进取创新、发明创造、传授技能，先后荣获了长春市劳动模范、杰出长春工匠、十大吉林工匠和全国劳动模范等多项荣誉称号，曾多次受到党中央和国家领导人的亲切接见。2018年，“五一”国际劳动节之际，李凯军又荣获了中国年度十大国匠荣誉称号，这是实实在在、沉沉甸甸少而又少的国字号称号，东北三省地区仅此一人，实至名归、恰如其分。

1.精品源在不懈追求

在奥迪、红旗、捷达等高档轿车中，有许多加工难度大、工艺复杂、加工精度要求高的关键性零部件，都与李凯军制造的模具有关。他靠着双手缔造出制造业神话。

面对日复一日枯燥的抛光、研磨等一系列工艺流程，李凯军凭着一颗匠心，对自己提出了更高的要求——“理论上要弄透，操作上要练精”。每当职工们午休的时候，李凯军都继续学习模具结构知识，职工下班后，他又加班加点练技术、练手法，慢慢练就技能“绝活儿”，让自己身怀绝技。铁杵磨成针，正因如此，入厂仅仅7个月，李凯军靠着耐心、专注和一丝不苟、精益求精的钻劲，就独立完成了CA141发动机盖板模具的制造。这套模具技术要求高、尺寸误差小，就连一些干了几十年的老师傅都认为，李凯军这活不好干。最终，这件模具得到质检员的由衷称赞，被定为一等品。

得益于李凯军的品牌效应，一汽铸模厂现有不少模具生产项目，其中的一套汽车方向盘发泡模具是厂里重要的效益增长点。这套模具单论成本仅两三万元，但卖给用户的价格却高达22万元。“这并非工厂漫天要价，主要是由于模具的附加值很高。”李凯军解释说，“模具的多功能键一定要平滑，透过光要看不出凹凸缺陷才行。这需要用8块电机并采用特殊手段一点点去打磨，一块块去拼凑，最后还必须经过手工修整才能实现，精细度要求很高。”而手工修整的活，厂里仅李凯军一人能做，这就是高技能带来的大市场、大品牌、大效益。

2.成果来自脑力创新

在“李凯军劳模创新工作室”，也是“职工书屋”的橱窗柜里，展示的李凯军手工制件中，有一个由圆球锉削而成的正十二面体。该制件尺寸精度达到0.01毫米，所有相邻面的夹角误差不超过1分，粗糙度达到0.2以上，用机械设备加工都很困难。对此，李凯军说：“只操作上练精肯定不行，动刀前一定要先看、先琢磨。”

EA211压铸缸体模具是一汽近两年首次自主研发的高压缸体模具。这套模具重达30吨，使用传统的刚性吊装方法很难对其进行灵活的滑块调整，且模具内部还有许多小嵌槽需要“精雕细琢”。面对这一难题，李凯军认真分析了模具结构和装配关系后，大胆采用“滑块与静模反配、滑块与模具分装”等可移位柔性吊装法，既提高了局部配合面的配合尺寸精度，又节约了一半的工期。李凯军的“模具复杂循环水孔的加工操作法”等多个项目，连续5年荣获中国一汽集团创新项目一等奖。李凯军凭着匠心和坚毅展示了创造之美。

一汽铸模厂打开国际市场，也得益于李凯军的自创方法满足了用户的模具加工要求。有一次，为国外用户生产油底壳模具的任务中，模具即将完成时，外方突然通知，因为产品的更改，他们要对模具进行局部焊补和重新加工。为解决数控无法装夹、找正的难题，李凯军自创了基准转移法、三点定位平移法等多种加工办法，如期完成了整套模具。“当时为了赶进度，每天都工作到深夜，甚至吃住在厂里。能想出一些新的加工方法也是被环境和用户需求逼出来的。”李凯军感慨道。而由于模具的高质量完成，国外用户后续又订购了6套100多万美元的模具，一汽铸模厂自此全面打开了国际市场。

李凯军用坚守与积淀、钻研与技改、执着与前行，诠释了一名“大国工匠”的成长历程。

（素材来源：《今天》杂志）

（四）周巍——上汽集团“80后”工匠

国家级技能大师、全国技术能手、全国五一劳动奖章获得者、享受国务院政府特殊津贴、全国机械冶金建材系统金牌工人……这些都是对上海汽车变速器有限公司首席技师周巍的描述。作为数控机床工的他，23岁时就已成为当时上海最年轻的高级技师。

1. 一进入专业课程就被“点燃”

周巍的外公，曾是上海航天局下属上海广播器材厂的热处理技师和钳工技师，作为8级钳工，他的机械制造水平非常有名，受人尊敬。在外公身边，周巍从小就感受到了技能的宝贵与劳动者的价值。初中毕业，周巍的考试成绩遗憾未能达到高中分数线，受外公影响，他便选择了上海航空工业学校的机械设计制造及自动化专业。妈妈一直在问：“要不要花点钱让你读高中？”周巍却拒绝了。第一年的基础课程，他的成绩并不突出，但进入专业课程学习后，周巍的热情一下子被点燃了：“做着做着发现自己比其他同学做得好，非常有成就感，也就更感兴趣了。”当时，每一门课程，学校都会给排名前三的学生发放奖学金，20多门课程中，周巍只有1门没拿到奖学金。

2. 调试速度胜过几十年“老法师”

毕业那年，上海汽车齿轮总厂在学校仅开放了1个市区名额，成绩优异的周巍自然是不二人选，由此，他成为数控机床操作工，配套生产桑塔纳轿车的变速器。虽已走上工作岗位，周巍仍未停止学习的脚步，很快又报名参加了数控机床高级工的学习，并通过自学考试修读了上海大学机械工程与自动化课程。在他看来，不论干哪一行，想要干好工作就需要更多知识。“也许今天学会了操作这台设备，但只会操作编程，还有许多系统性的参数并不了解。”他把钻研的过程比作打电脑游戏，“就像别人打电脑游戏一样，不停练级。而我就希望，能把手上的每一台机器都研究透”。不久，车间需要机床调试人员，主任得知周巍正利用业余时间在外进修，就抽调他过去试试。谁也没想到，这个刚进单位半年多的毛头小伙，调试设备的速度就已胜过了有着几十年经验的“老法师”。

2002年底，车间接到了制造大众POLO车型MQ200手动变速器的任务，需要对22个零件的生产线进行调试。以往这些零件都从巴西进口，随着国内市场的快速发展，订单量上来了，实现本土生产就成了硬任务。由于设备差异，图纸上的一道工序，在德国可能只需1台机器，在中国却需要4台不同机器协作。加工方式不同，结果却需要“殊途同归”。凭借钻研，周巍与同事们共同克服了这一技术难关。

作为通过技能实现成才梦想的典型，周巍发现，随着学习技能的年轻人越来越多，职业院校里数控车、数控铣等专业已十分火爆，就业前景也相当可观。他希望，更多有创造性的专业也能陆续发展起来：“在德国的杜塞尔多夫有一家企业，只有40多人，但生产的旋风切齿是全球垄断技术，连西门子公司都要购买他们的专利。因此，不能仅仅是学习制造，更要学会创新，这样才能发展‘中国智造’。”

（素材来源：《解放日报》）

八、课程名称：“汽车营销策划”实践环节

通过项目组的筹建，培育学生的团结协作意识。具体操作过程如下：

1.确定组长。学生自荐或推荐项目组组长。组长的责任与义务是组建项目团队；带领团队在规定时间内完成项目策划；监督和控制项目的进度；协助和指导项目成员完成工作；能正确评价组内成员；形成积极的小组文化，组内平等、自由表达思想，相互协助，树立正确的职业道德观，能容忍不同观点存在，求同存异。通过确定项目组组长、组建项目团队、明确组长的权利和义务，培养学生做事主动、勇于承担责任的职业素养。

2.确定组员。由组长轮流在剩下的同学中一轮轮确定组员。组员没有选择组长的权力，一旦归属于某组后不能跳槽。组员的责任和义务是在组内协

商确定每次的任务；按时按质完成工作任务；碰到困难主动反馈给组长，接受组长及其他组员的帮助；积极参与讨论，踊跃提出自己的观点，思路和方法不拘一格；其他组员碰到困难时，积极帮助与协助；接受组长的监督和项目安排；发现组内存在问题时积极提出；对不同观点能持保留意见并表达自己的真实意图；接受组长评价和组员评价；能积极客观地评价自己；与其他组员发生工作和生活上的冲突时，要容忍谦让，求同存异，友好处理。通过组员的被选择和不可按自己意愿选择合作伙伴和组长，培养学生认真主动的职业素养；通过服从组长及项目组的安排，培养学生服从组织安排的职业素养；通过按质按量按要求完成项目分配任务，培养学生的敬业精神；通过帮助组员，培养学生团结协作的职业素养；通过提出组内存在的问题，培养学生积极主动、善于思考的主人翁精神；通过对组员间冲突的处理，培养学生友善的品质。

3.实践环节：

(1)确定每组项目，如完成某汽车公司某新汽车产品上市方案策划书。

(2)确定子项目，如新产品宏观环境分析、新产品竞争环境分析、新产品市场细分及选择和定位、产品策略、新产品价格策略、新产品渠道策略、新产品推广策略等。

九、课程名称:工程力学(智能制造类)

通过相关知识点的解读，引导学生做合格公民。如:通过讲解压杆失稳、质点运动规律、平面运动规律和动能定理等，警醒学生严守国家的政策、法律、法规，约束自身言行；通过讲解平面弯曲特点、定轴转动等知识，提醒学生以国家利益为中心，培养学生的爱国情怀；通过讲解刚度计算方法、强度理论及应用、点的合成运动，引导学生充分利用现有优越条件加强自身综合素质修养，为党和国家多做贡献。

十、课程名称:电力电子技术

通过宣讲中国电力电子技术行业领军人物的事迹，培养学生敬业、精益、专注、创新的工匠精神。

(一)汪槱生——用一生结缘中国电力电子事业

汪槱生,浙江大学电气工程学院应用电子学系教授,首批中国工程院院士,著名电力电子技术专家。1950年毕业于浙江大学电机系,留校任教至今。1958年参加了国际上首创的电机双水内冷技术研发;1970年研制成功国内首台感应加热中频电源及一系列相关成果,并推动其产业化;1987年研制成功我国自制的容量最大的中频电源;1994年当选为中国工程院院士;获2005年度浙江省科学技术重大贡献奖。身兼省电子学会名誉主席、国家国务院学位委员会成员、中国电工技术学会理事、电力电子学会顾问等职务。

1.年过九旬仍心系祖国电力事业

作为我国电力电子技术专业的创立者,汪槱生着眼的,远不只是智能家居。他所想象的是一个把电力电子技术完整融入输配电系统、从装置走向系统的全新未来。2017年11月,在浙江大学电气工程学院举办的电力电子学科发展规划研讨会上,89岁高龄的汪槱生为师生做了长达1个多小时的报告,将他脑海中存放了十多年的12个字分享给年轻人——“直流供电,高频变电,方波用电”。

“直流供电,高频变电,方波用电”意味着线路损耗小、传输效率高、电能质量高、可靠性高,同时环保低成本,便于分布式能源大规模接入;在直流供电的基础上将低频率电变换为高频率电,输电效率能进一步提高,同时利用方波驱动电机,成为直流变交流最方便、最简单、最高效的形式。如果汪槱生的12字设想可以实现,电器设备的运行寿命将比现在大大延长,且运行效率更高、调节特性更好,诸如可再生能源发电、电力调峰储蓄等技术的效益更能充分发挥,人们所期待的嵌入式智能电器系统、电动汽车的无线充电,以及直流电与交流电之间的任意转化将不是一个梦。这不仅会对家用电器生产行业带来深远的影响,更将推动全社会方方面面的技术变革。汪槱生开玩笑说:“这是书生的狂想,恐怕有生之年等不到这些技术的实现。”但他又说得很严肃:“实现技术的创新和变革有很长的路要走,我们必须加快步伐抢得主动,不能被其他国家抢了先”

2.一辈子三件最满意的事

汪槱生说,他在浙江大学完成了最让自己满意的三件事。这三件事实则是他一辈子钻研电工技术的生动折射。

第一件事是在1958年,汪槱生作为主要成员参加了双水内冷电机研究,实现了国际上首创的双水内冷大型汽轮发电机,大大节省发电机的材料,提高了冷却的效果,解决了大容量发电的难题,推动了我国国民经济的发展。这是获了国家发明一等奖和国家科技进步一等奖的成果。

第二件事是在1970年,汪槱生领导并负责研制成功中国第一台大功率晶闸管并联逆变式中频感应加热电源,填补了国内技术的空缺,促进了我国企业生产力的提成。在这之前,浙江省乃至全国都没有合适的中频电源来满足工业上的需要,以前的办法都是用中频发电机。当时浙江省和全国都急切需要这种设备,于是省里找到汪槱生,希望他能做出这种设备,但是制作这个中频电源本身就需要很大、精度很高的设备。这时他想起自己在国外的杂志上注意到,有一种新方法,已经能用电子的方法产生高频和中频,来替代机械式的发电方式。他想能不能搞个科研,用电子来产生中频。于是,1969年,他组织了七八个人,白天黑夜搞研究,终于用一年时间把第一炉钢铁化出来了。“这是第一代的,现在看来很落后,在当时却是很先进的,出来之后,全国有很多人来浙大学习这项技术。”汪槱生不无自豪地说。他们把设备无偿带到工厂,教工人如何使用、制作,生产出来的中频电源供应全国,订货都要排队。但是后续的维修是个问题,很多用户不会维修,于是浙大开办了多期中频电源技术培训班,培训基本原理、如何修理等。1975年,他们又研制成功改良型中频电源。1987年研制成功我国自制的容量最大的中频电源。1988年研制成功250kW/8kHz简单并联逆变中频电源。1991年后又研制成功单片机控制和模块控制的中频电源。领导开发了400Hz~8kHz、100~1500kW中频电源系列。每一次技术的更进,浙大都组织专门人员去工厂帮助调试、咨询与维修。“在这个过程中,最大的安慰不是获奖,而是这个解决了很多人的就业、吃饭问题,因为这些促进了加工业的发展,而加工业可以给人们安排工作岗位,使得可以养活一家人。”汪槱生这样来简单总结中频的成就。

第三件事是在研究的同时，汪槱生领导建立了我国第一个电力电子技术专业以及硕士点、博士点，建立了国内唯一的国家电力电子技术专业实验室和国内高校唯一的国家电力电子应用技术工程研究中心，培养了大批电力电子行业的技术人才。

（素材来源：《浙江大学报》）

十一、课程名称：生产计划与控制基础

1. 通过讲解生产预测的分类，如一元线性回归预测、时间序列预测等，培养学生的前瞻意识，引导其学生会用科学的方法获得需要的信息。

2. 通过分析库存控制有均衡生产和增加成本的两面作用，提示学生分析问题的时候注重问题的两面性，掌握全面分析问题的方法，不要片面和偏激，对事物进行全面认识。

3. 通过讲解生产计划的分类和编制方法，培养学生做事情的计划性，有目的有计划地做事情，并且要在可行的条件下进行。

4. 通过讲解生产控制的概念和方法，培养学生有意识地控制自己言行的品性，凡事经过思考后得出结论，要行正确的事，出现偏差给予纠正。

十二、课程名称：自动控制原理及应用

通过举例自动控制系统相关原理在我国各行业中的应用，培育学生用科学理论指导实践的意识，并经具体实例让学生感受中国的科技进步，进一步增强民族自信心和自豪感。

中国自动化技术不仅广泛地应用在工农业生产中，现代控制理论也更多地应用在卫星、航天和军事技术的巨大进步上，智能控制应用在军事上，如歼20五代机，国产航母的产出和电磁弹射技术的开发等，设计中的核动力航母和许多无人机控制技术也都将大量应用智能控制技术；自动控制系统的数学描述方法，已经应用在建桥和我国著名的世界级的建筑和建设中，控制数学在亿亿次超级计算机上得到重用，在量子加密技术和北斗通信系统中更被大量地应用，为我国的科技进步和赶超世界先进水平做出了巨大的

贡献;在闻名世界的中国高铁的高速运行中,时域分析和实时控制不可或缺。导弹的命中的误差控制更是达到了世界先进水平,这与我国控制领域的时域分析和实时控制密不可分中国的机器人技术和无人机控制技术在利用根轨迹分析和稳定控制上取得一个又一个的理论和技术上的突破,对中国智能技术领先世界贡献突出;我国的“相控阵雷达”利用频域分析技术创新,在现代舰船和国产战机上应用出色,已达世界先进水平;长安企业的电动车技术不断发展和进步,利用控制系统的校正技术,产品的升级换代越来越快,带动了我国新技术汽车和机车的现代控制的不断进步。

十三、课程名称:工程设计概论

1.介绍第二次世界大战后美国、日本以及意大利等国家的工业设计发展过程及民族特点情况,让同学们反思我国的工业发展有哪些需要借鉴发达国家的地方,以及对我们民族又有哪些启发。

2.分析进入信息时代后工业设计发展的方向,让同学们思考在这个信息大爆炸时代我国工业设计应该怎么办并该有什么规划。

3.从工业设计哲学引发到哲学含义中的社会科学,让同学了解社会科学是对社会发展的根本规律的总结,从而进一步引申至马克思主义、毛泽东思想、中国特色社会主义理论体系等。

4.从无障碍设计扩展发散到轻轨上的一些人性化设计,点明政府在发展的细节问题上所做出的宏观指导。

5.从设计发展的可持续要求,解读习近平总书记的“绿水青山就是金山银山”的生态文明思想。

6.以长安汽车为例,介绍长安汽车的视觉设计,增加同学们对国家制造的认同。

十四、课程名称:金属切削原理与道具

1.在梳理历史中培养学生的文化自信。通过梳理我国金属青铜器制造以及陶瓷制造的灿烂历史,帮助学生树立优秀传统文化的保护与传承意识,

提升学生文化自信，激发学生爱国情怀。

2.在中外对比中进行爱国主义教育。通过国内刀具结构和德国刀具结构的比较、我国机械制造业与德国机械制造业中制造的工件加工精度对比、我国机械制造业中低效率与低环保与日本绿色机械制造业对比，建立学生专业自信，激发学生爱国情怀，为祖国机械制造业的进步而奋发创新。

3.通过了解我国广州数控机床的车削加工情况，帮助学生加深对独立知识产权的认识。

十五、课程名称：汽车构造

通过分析汽车行业中出现的反面案例，引出产品质量和社会诚信问题，教育和引导学生树立诚信品质。

（一）大众汽车"排放门"事件

事件起因：2015 年 9 月 18 日，美国环境保护署（Environment Protection Agency，EPA）与加州空气资源委员会（California Air Resource Board，CARB）发布公告，称大众旗下部分产品在美国的排放测试中利用软件控制的方法进行造假，共有大约 482000 辆柴油车受到影响。这种造假是指大众汽车所售部分柴油车安装了专门应对尾气排放检测的软件，可以识别汽车是否处于被检测状态，继而在车检时秘密启动，从而使汽车能够在车检时以"高环保标准"过关，而在平时行驶时，这些汽车却大量排放污染物，最大可达美国法定标准的 40 倍。涉嫌作弊的车辆搭载了大众集团生产的 2.0TDI 柴油发动机，包括 2009-2015 款 Jetta、甲壳虫、高尔夫和奥迪 A3，以及 2014-15 款 Passat 均有在北美地区销售。美国政府勒令大众召回这些受影响的汽车，并表示该公司利用欺骗设备规避排放标准，对公共健康构成威胁。

大众集团回应：在美国 EPA 将大众柴油发动机作弊事件公之于众的两天后，9 月 20 日，时任大众 CEO 马丁·文德恩正式发表声明、针对大众、奥迪柴油车型作弊事件作出回应，并在同一时间要求旗下美国经销商停止销售搭载 2.0TDI 发动机的车型，并进行内部调查。9 月 21 日和 9 月 22 日，大众汽车的股价暴跌接近 20%，令其市值较 9 月 18 日收盘蒸发约三分之一，约为250亿欧元。与此同时,欧洲与美国汽车制造商的股价纷纷下跌。9月23日,大众官方正式宣布,时任CEO马丁·文德恩将正式辞去该集团CEO的职务。9月25日,大众官方宣布保时捷CEO穆伦为集团新一任CEO人选。9月28日,大众集团发表声明,正式公布了此次“排放门”在全球共涉及约1100万辆汽车,其中大众品牌涉及约500万辆,而大众旗下其他品牌也有部分车型涉及,其中奥迪涉及210万辆、斯柯达120万辆、西雅特70万辆、大众轻型商用车180万辆。这些车型均搭载了大众制造的EA189型柴油发动机。面对如此巨大的涉及车辆,刚刚走马上任的大众CEO穆伦在接受外媒采访时说道“如果一切按计划进行,我们能从2016年1月开始召回。所有汽车应该在2016年底前修理完毕。”据德国媒体测算,仅召回这些涉及车辆的成本费用就可能超过60亿欧元。

事件发酵:美国曝光大众柴油排放作弊丑闻后,其影响迅速向全球蔓延。德国政府9月21日要求大众提供证据以证明其在本土市场未操纵排放测试,其他国家也开始调查本国大众汽车的排放问题。10月12日,英国《卫报》表示,德国大众汽车的“尾气排放门”引发行业多米诺骨牌效应。根据道路测试结果显示,奔驰、本田、马自达与三菱生产的柴油车辆存在排放超标问题。

事件影响:至2019年12月11日,大众汽车集团因排放门付出的经济成本高达300亿欧元,集团多年积攒的诚信与信誉也受到了很大冲击。

(素材来源:汽车之家)

(二)高田“气囊门”事件

高田公司成立于1933年,是世界三大安全气囊供应商和日本最大的汽车零部件厂之一,与诸多国际车企都保持着长期稳定的合作关系,如本田、奔驰、福特、丰田、宝马等。但由于安全气囊事件,高田终是黯然倒下,于2017年6月26日正式在日本申请破产保护。

事件回顾:20世纪90年代末,高田开始生产问题气囊。这种气囊之所以存在安全隐患,是因为它是通过硝酸铵火药爆炸的方式打开的,很容易发生金属碎片划伤车内人员的情况。2000年,首例消费者向美国国家交通安全管理局(NHTSA)就安全气囊隐患投诉。2007年,本田向高田告知三起安全气囊爆炸事件。2008 年 11 月，本田首次因为高田安全气囊问题召回了 4000 辆车。2009 年 5 月，由于问题气囊造成一名美国 18 岁女孩埃希利帕海姆死亡，本田公司随后又宣布召回 51 万辆车。但这一切并没有引起高田的高度重视。此后，接连发生死亡事故，舆论为之哗然。2014 年，NHTSA 正式调查高田公司生产的安全气囊是否存在质量缺陷，美国国会也开始敦促美国司法部对高田进行刑事犯罪调查，但高田上层以事故责任不明为由拒绝了美国当局的全美召回要求。2015 年，美国成立专门审查小组展开调查，确证了高田公司生产的部分安全气囊存在质量缺陷。与此同时，本田也发表声明，获悉了有关高田错报、篡改某些安全气囊测试数据的证据。对此，美联邦政府对高田开出了 7000 万美元的罚款，同时要求其在 2019 年之前召回使用缺陷气囊的汽车。2017 年 2 月，高田公司在联邦法院上正式认罪，承认其故意隐瞒了安全气囊存在质量缺陷的事实，并同意支付 10 亿美元刑事罚金。2017 年 6 月 26 日，高田公司在日本宣布申请破产保护，同一天，高田被美国汽车安全制造商 Key Safety Systems(KSS)收购。

从 2008 年到 2017 年，问题气囊问题发酵了近 10 年，但高田依然未能挽救大的局面。究其原因，无外乎两点。一是面对问题反映的迟缓。高田公司高管多次以“商业机密”为由，拒绝公开缺陷气囊问题细节，这种不积极调查、傲慢迟缓的态度是高田走向绝路的一个重要原因。二是对安全问题不够重视。在气囊问题不断发生时，高田公司并没有过于重视，而是以无法确认事故责任为由继续销售相同材料的气囊。这种忽视安全隐患、忽视消费者利益的做法，最终将高田公司推进了坟墓。

（素材来源：新浪汽车）

十六、课程名称：新能源汽车技术

1. 介绍新能源汽车发展历史，建立学生对自主汽车品牌的信心，杜绝盲目崇拜国外高端品牌，开展爱国主义教育，激发学生爱国情怀。

2. 对安全操作规范进行严格要求，通过展示各种因不规范作业而造成严重后果的图片或视频，加强 6S 规范教育，强调职业规范和职业素养的重要性，培养学生职业道德与职业素养。

3.引入最新款国产自主品牌新能源汽车案例，教育和引导学生建立自主品牌意识，理解品牌价值。

比亚迪汉再立高端新能源轿车新标杆

2020 年 6 月，定位于全球超安全智能新能源旗舰轿车的比亚迪汉正式上市，从规划到量产，历经十余载，这期间，除了对于车型外观的打磨调整外，最重要的研发则在于车辆安全的反复测试。十年造一车，既是比亚迪对于消费者的尊重与诚意，也是比亚迪冲击高端中大型轿车市场的决心与信心。

不同于燃油车型所拥有的百年技术积淀，新能源汽车的发展只能建立在少数品牌不懈的耕耘与努力之上，从产品设计到能源动力都需要从头开始，不断试错与改进。直到现在，摆在新能源汽车面前仍有三个需要解决的问题：电池安全、续航能力与充电便捷性。就电池安全而言，伴随着各大车企纷纷推出新能源汽车，车辆安全问题也成了整个社会关注的热点，部分车企盲目强调续航里程，而忽视了电池安全，导致电动汽车自燃事故频发，针对这一问题，汉 EV 采用了公开“针刺试验”过程，集高安全性、长续航、高能量密度于一身的刀片电池，将“自燃”从新能源汽车字典中彻底抹掉。就续航能力而言，汉 EV 将能量回收系统进行了再度优化，适于更多的城市工况，让整体续航能力提升 10%以上，综合工况 NEDC 续航达到 605 公里，更好地解决用户“里程焦虑”。就充电便捷性而言，汉 EV 所特有的安全快充设备，最大充电功率可达 100 千瓦/小时，充电 10 分钟，可完成 135 公里续航，由 30%充电至 80%仅需 25 分钟，拉平与燃油车在使用方面的差距。

在性能方面，比亚迪汉 EV 以零百加速 3.9 秒的成绩成为中国加速最快的量产新能源轿车，凭借博世 IPB 集成制动控制系统，让 EV 拥有了 32.8 米的全球同级别新能源轿车百公里制动最短距离，肆意疾驰与即刻停驻的切换转变，游刃有余。在整体用料方面，汉 EV 也是极尽诚意，整车“婴儿级”涂装清净工艺，选用环保液体喷涂阻尼材料，让空气污染将至更低，整车气味等级及 VOC 达到更优水准。具备负离子吸附、高温消毒模式等在内的车内空气净化设备，则可以保证整个车内空气质量始终保持最佳水平。

通过汉，比亚迪将最新的研发与制造实力进行了全面的展示，也在中国高端新能源汽车领域树立起更高的行业标准，为中国自主汽车品牌，添加了性价比更高、安全性更优、品质感更强、体验感更佳的注解。

十七、课程名称：推销策略与技巧

1.切入经济学相关专业基础知识，讲解推销与营销的关系，并进一步延伸至我国走中国特色社会主义市场经济之路的必然性，讲解中国共产党是如何在摸索与实践中走出这条道路的。

2.使学生了解顾客异议的原因和解决技巧，在坚持原则的基础上，不卑不亢，妥善处理；并一步延伸至在处理国际贸易异议和问题时，我国应该持有的态度，引导学生做国家尊严和荣誉的捍卫者和支持者。

3.强调依法、依规履行合同的重要性，培养学生的契约精神；并进一步解读我国全面依法治国战略，强调全面依法治国是中国特色社会主义的本质要求和重要保障。

十八、课程名称：汽车传动系统的诊断与维修

1.通过讲解汽车传动系统的内容，升华到中国汽车建造历史和成就，提高学生的民族自豪感，弘扬中国汽车文化底蕴。

2.通过讲解不同类型的变速器，让学生以辩证的思维考虑问题，培养学生的辩证思维和独立思考的能力。

3.通过讲解变速器的检修，引入我国的变速器新技术，以及我国变速器技术方面的改革，提高学生的创造和创新能力，引导学生以主人公姿态为中国科技的发展贡献力量。

4.通过讲解自动变速器，引入中国知名变速器厂，如青山变速器厂，增强学生的爱国情怀。

5.通过实操练习，激发学生学习热情，提高学生动手能力和解决问题的能力。

十九、课程名称:汽车电子控制技术

1.介绍汽车电子的发展历程,体现汽车电子技术的日新月异,让学生感受中国在汽车电子技术上的巨大贡献,激发学生的爱国情怀。

2.介绍起动机的结构、工作原理及特性,引入新型电力起动系统,使学生认识并反思中国制造的产品。

3.介绍电控汽油喷射系统各零部件所在的位置以及各执行器和传感器的巧妙设计,引导学生树立工匠意识。

4.讲解车载网络技术这一新兴技术,介绍其在中国汽车上的发展历程及其面临的问题,激发学生的学习兴趣,并为此不断奋斗。

二十、课程名称:机械制图

1.通过讲解制图的国家标准,培养学生的工程意识。近年来,随着与国外技术交流的增加,我国制图的标准越来越靠近国际标准,这在一定程度上彰显了国家的发展进步。因此,教师可从我国制图标准的变化入手,激发学生的民族自豪感。

2.通过向学生讲述老一辈技术工程师的励志故事,培养学生吃苦耐劳的工作精神、耐心细致的工作作风和严谨认真的工作态度。

3.通过讲述行业严格的签字程序,强化学生的职业道德意识,引导学生养成恪守信用、尊重规则的职业素养。

4.通过讲解参数的设定原则,引导学生树立责任感,减少社会资源浪费。

5.通过教学中实际训练过程的规范要求,强化学生的实践能力、创新创业能力;通过比较我国与发达国家的技术差距,激发学生的社会责任感和爱国热情。

二十一、课程名称:计算机辅助设计

1.从二维软件的种类切入我国二维软件的现状以及软件的市场保护问题,强调自力更生、自主创新的重要性。

2.利用扳手建模，切入国内外知名企业大量利用工装夹具，重视工装夹具在生产中的应用，保证产品的一致性、规范性。

3.利用方向盘建模，切入国内汽车行业与高铁建设的现状，对比说明光靠合资买不到技术，只有自主创新，方能长远发展。

4.通过讲解文本输入中各种字库的不同，提醒学生熟悉各种字库，以便根据不同情况加以选择，在这其中可切入讲解“技多不压身”的道理，鼓励学生多学、多做。

5.通过讲解尺寸标注上的错误实例，提醒学生，标注尺寸与实际生活中的为人相处在某些地方是相似的，都需要为他人着想，站在对方的角度看问题。

参考文献

一、专著

[1]习近平谈治国理政(第一卷)[M].北京:外文出版社,2014.

[2]中共中央宣传部.习近平总书记系列重要讲话读本[M].北京:学习出版社,2016.

[3]教育部思想政治工作司组.加强和改进大学生思想政治教育重要文献选编(1978—2014)[M].北京:知识产权出版社,2015.

[4]马克思恩格斯选集(第1卷)[M].北京:人民出版社,1995.

[5]马克思恩格斯文集(第1卷)[M].北京:人民出版社,2009.

[6]马克思恩格斯全集(第3卷)[M].北京:人民出版社,1972.

[7]马克思恩格斯全集(第23卷)[M].北京:人民出版社,1979.

[8]马克思恩格斯全集(第40卷)[M].北京:人民出版社,1982.

[9]马克思恩格斯全集(第42卷)[M].北京:人民出版社,1980.

[10]列宁全集(第2卷)[M].北京:人民出版社,1959.

[11]爱因斯坦文集(第3卷) [M].北京:商务印书馆,1976.

[12]1844年经济学哲学手稿[M].北京:人民出版社,2000.

[13]王学检.现代思想政治教育前沿问题研究[M].北京:人民出版社,2008.

[14]白显良.隐性思想政治教育基本理论研究[M].北京:人民出版社,2013.

[15]王瑞荪.比较思想政治教育学[M].北京:高等教育出版社,2001.

[16]罗剑明.思想政治工作方法论[M].北京:解放军出版社,2006.

[17]张耀灿,郑永廷,吴潜涛,等.现代思想政治教育学[M].北京:人民出版社,2006.

[18]高慎英,刘良华.有效教学论[M].广州:广东教育出版社,2004.

[19]张官禄.校园文化论[M].中国商业出版社,1994.

[20]孟宪承.中国古代教育文选[M].北京:人民教育出版社,1979.

[21]熊承涤主编.秦汉教育论著选[M].北京:人民教育出版社,1987.

[22]毛礼锐.中国教育史简编[M].北京:人民教育出版社,1984.

[23]陶行知.行知书信集[M].合肥:安徽人民出版社,1983.

[24]任苏民.教育与人生:叶圣陶教育论著选读[M].上海:上海教育出版社,2004.

[25]王承绪,赵祥麟.西方现代教育论著选[M].北京:人民教育出版社,2001.

[26]高等教育中的潜在课程[M].薛晓华译.上海:华东师范大学出版社,2005:143.

[27]赵祥麟.杜威教育论著选[M].上海:华东师范大学出版社,198.

[28]〔美〕约翰·杜威.民主主义与教育[M].王承绪译.北京:人民教育出版社,1990.

[29]〔美〕约翰·杜威.学校与社会·明日之学校[M].赵祥麟,任钟印,吴志宏译.北京:人民教育出版社,1994.

[30]〔美〕约翰·杜威.我们怎样思维·经验与教育[M].姜文闵译.北京:人民教育出版社,1991.

[31]〔美〕威廉·H.克伯屈.教学方法原理[M].王建新译.北京:人民教育出版社,1991.

[32]〔美〕约翰·D.麦克尼尔.课程导论[M]施良方译.沈阳:辽宁教育出版社,1990.

[33]〔苏〕巴班斯基.教学过程最优化问答[M].李玉兰译.北京:北京师范大学出版社,1988.

[34]〔苏〕B·A·苏霍姆林斯基.给教师的建议[M].杜殿坤译.北京:教育科学出版社,1984.

[35]〔英〕威尔逊.社会与宗教[M].梁鸿飞等译.成都:四川人民出版社,1991.

[36]〔德〕库尔特·勒温.拓扑心理学原理[M].竺培梁译.杭州:浙江教育出版社,1997.

[37]〔德〕赫尔巴特.普通教育学·教育学讲授纲要[M].李其龙译.杭州:浙江教育出版社,2002.

[38]〔德〕滕尼斯.共同体与社会——纯粹社会学的基本概念[M].林荣远译.北京:商务印书馆,1999.

[39]〔捷〕夸美纽斯.大教学论[M].傅任敢译.北京:人民教育出版社,1957.

[40]叶勇,康亮.新时代高职院校工科专业课程思政教育探索[M].成都:西南交通大学出版社,2019.

二、期刊文章

[1]杨晓慧.高等教育“三全育人”:理论意蕴、现实难题与实践路径[J].中国高等教育,2018(18):4-8.

[2]高德毅,宗爱东.从思政课程到课程思政:从战略高度构建高校思想政治教育课

程体系[J]. 中国高等教育,2017(01):43－46.

[3]邱伟光. 课程思政的价值意蕴与生成路径[J]. 思想理论教育,2017(07):10－14.

[4]史巍. 论以"课程思政"实现协同育人的关键点位及有效落实[J]. 学术论坛,2018,41(04):168－173.

[5]方黎."课程思政"为什么受青年学生喜爱——基于青年文化选择的学理分析[J]. 广西社会科学,2019(04):179－183.

[6]赵鸣歧. 高校专业类课程推进"课程思政"建设的基本原则、任务与标准[J]. 思想政治课研究,2018(05):86－90.

[7]张丹丹. 复杂性视域下课程思政建设路径研究[J]. 广西社会科学,2018(09):57－59.

[8]罗珍颖. 课程思政视角下参加大学生的素质能力培养研究[J]. 时代教育,2018(10):57－59.

[9]闵辉. 课程思政与高校哲学社会科学育人功能[J]. 思想理论教育,2017(07):21－25.

[10]何红娟."思政课程"到"课程思政"发展的内在逻辑及建构策略[J]. 思想政治教育研究,2017,33(05):60－64.

[11]肖香龙,朱珠."大思政"格局下课程思政的探索与实践[J]. 思想理论教育导刊,2018(10):133－135.

[12]武群堂. 试论思想政治理论课教师在学校教师队伍中的引领作用——基于课程思政的视角[J]. 学校党建与思想教育,2018(11):70－72.

[13]王海威,王伯承. 论高校课程思政的核心要义与实践路径[J]. 学校党建与思想教育,2018(14):32－34.

[14]武文菲. 建构主义理论视域下高校课程思政实效性探讨[J]. 高教学刊,2019(06):155－157.

[15]董勇. 论从思政课程到课程思政的价值内涵[J]. 思想政治教育研究,2018,34(05):90－92.

[16]成桂英,王继平. 教师"课程思政"绩效考核的原则和关注点[J]. 思想理论教育,2019(01):79－83.

[17]陆道坤. 课程思政推行中若干核心问题及解决思路——基于专业课程思政的探讨[J]. 思想理论教育,2018(03):64－69.

[18]张静. 国外高校思想教育实践教学的模式研究[J]. 前沿,2012(17):155－156.

[19]罗仲尤,段丽,陈辉. 高校专业课教师推进课程思政的实践逻辑[J]. 思想理论教育导刊,2019(11):138－143.

[20]高德毅,宗爱东. 课程思政:有效发挥课堂育人主渠道作用的必然选择[J]. 思想

理论教育导刊,2017(01):31－34.

[21]李庆丰.大学教学改革应重视对课程知识选择的研究[J].复旦教育论坛,2008(03):27－31.

[22]刘露遥.革命文化融入思想政治理论课新论[J].长春工程学院学报(社会科学版),2019,20(04):14－16＋20.

[23]敖祖辉,王瑶.高校"课程思政"的价值内核及其实践路径选择研究[J].黑龙江高教研究,2019,37(03):128－132.

[24]庄梅兰.构建同心圆式高校课程思政教学体系[J].河南工业大学学报(社会科学版),2018,14(04):85－91.

[25]沈贵鹏.心理学视域中泛课程思政的特点诠释[J].思想理论教育,2018(09):66－71.

[26]孙杰,常静.高校加强"课程思政"建设现实路径选择[J].中国高等教育,2018(23):15－17.

[27]胡洪彬.课程思政:从理论基础到制度构建[J].重庆高教研究,2019,7(01):112－120.

[28]陈瑞三,杨飞雪,阙迪.马克思人的全面发展理论对高校思想政治教育工作的启示[J].辽宁大学学报(哲学社会科学版),2018,46(01):165－169.

[29]袁贵仁.论马克思人的全面发展观[J].高等师范教育研究,1992(03):3－9,16.

[30]张智.习近平关于思想政治教育工作的五个比喻析论[J].思想理论教育导刊,2017(05):131－135.

[31]石中英.波兰尼的知识理论及其教育意义[J].华东师范大学学报(教育科学版),2001(02):36－45.

[32]彭向阳.大学生思想政治隐性教育探析[J].集美大学学报(哲学社会科学版),2005(02):23－26,81.

[33]洪明,余文森.国外有效教学思想流派探析——基于国外著名教育家教学思想的探讨[J].福建师范大学学报(哲学社会科学版),2012(06):186－192.

[34]张璐.略论有效教学的标准[J].教育理论与实践,2000(11):37－40.

[35]龙宝新,陈晓端.有效教学的概念重构和理论思考[J].湖南师范大学教育科学学报,2005(04):39－43.

[36]蔡宝来,车伟艳.课堂有效教学:内涵、特征及构成要素[J].教育科学研究,2013(01):12－17.

[37]丁秋玲.思想政治理论课有效教学:内涵、困顿及策略研究[J].湖北工程学院学报,2019,39(04):39－43.

[38]王学俭,刘珂.融入日常生活:思想政治教育的微观建构[J].思想教育研究,

2015(02):18－22.

[39]高飞，姚志刚.产教融合的动力与互动机制研究[J].淮南职业技术学院学报，2014，14(06)：41－45.

[40]陈年友，周常青，吴祝平.产教融合的内涵与实现途径[J].中国高校科技，2014(08)：40－42.

[41]罗汝珍.职业教育产教融合政策的制度学逻辑分析[J].职业技术教育，2016，37(16)：8－13.

[42]王秋玉.地方本科院校深化产教融合运行机制研究[J].中国成人教育，2017(13)：36－39.

[43]李犁.坚持走产教结合、自我发展之路[J].教育与职业，1992(12)：23－24.

[44]周晶.中国职业教育发展的根本方向——40年来职业教育产教融合发展的历程、规律与创新[J].职业技术教育，2018，39(18)：6－16.

[45]赵满生，朱枝富，王展鹄.联合办学：职业技术教育走出困境的现实选择——盐城市市区中等职业技术教育调查报告[J].教育理论与实践，1990(04)：15－19.

[46]冯建军，傅淳华.多元文化时代道德教育的困境与抉择[J].西北师大学报(社会科学版)，2008(01)：35－40.

[47]蓝文思.高校思想政治教育的两个着力点[J].人民论坛，2018(22)：126－127.

[48]万力.高校"课程思政"研究与实践的四维综述[J].西昌学院学报(社会科学版)，2019，31(04)：49－53，108.

[49]顾骏.给学生一双眼睛，看懂中国——"大国方略"系列课程策划思路与技巧[J].青年学报，2016(04)：7－13.

[50]冯妮，王大可，邓春楠.上海高校"中国系列"思政课程实践及启示研究[J].社科纵横，2017，32(12)：151－155.

[51]张祖明，张旗.把握立德树人工作目标 做好溯源红色"课程思政"——北京联合大学艺术学院"课程思政"的探索与实践[J].北京教育(德育)，2017(12)：54－57.

[52]陈立勇.基于红色文化资源融入的"思政课程"与"课程思政"协同建设[J].大庆社会科学，2019(01)：40－43.

[53]陈立勇，刘晓华.打造特色课程用大庆精神铁人精神立德树人[J].思想政治教育研究，2014，30(06)：90－92.

[54]刘清生.新时代高校教师"课程思政"能力的理性审视[J].江苏高教，2018(12)：91－93.

[55]王学俭，石岩.新时代课程思政的内涵、特点、难点及应对策略[J].新疆师范大

学学报(哲学社会科学版),2020,41(02):50－58.

[56]胡华.高职院校“课程思政”建设的价值意蕴与路径探索[J].当代职业教育,2019(06):88－95.

[57]程德慧.产教融合视域下高职院校“课程思政”改革的探索与实践[J].教育与职业,2019(03):72－76.

[58]平静,徐飞跃,王钢.现代学徒制视域下的高职院校“三课堂”课程思政协同式育人机制[J].教育与职业,2019(11):88－93.

[59]苏春,陈斌.课程思政的素材挖掘、内容组织与教学实践——以“系统可靠性分析与设计”课程为例[J].东南大学学报(哲学社会科学版),2019,21(S2):145－148.

三、学位论文

[1]骆静.论马克思哲学中人的个性[D].南京:河海大学,2007.

[2]陈宏辉.企业的利益相关者理论与实证研究[D].杭州:浙江大学,2003.

[3]朱梦洁.“课程思政”的探索与实践[D].上海:上海外国语大学,2019.

[4]林泉伶.“课程思政”:新时代高校思想政治教育新途径研究[D].南京:南京邮电大学,2019.

[5]董明慧.高校“课程思政”问题研究[D].大连:大连海事大学,2019.

四、报纸文献

[1]把思想政治工作贯穿教育教学全过程 开创我国高等教育事业发展新局面[N].人民日报,2016-12-09(01).

[2]抓住培养社会主义建设者和接班人根本任务 努力建设中国特色世界一流大学[N],人民日报,2018-05-03(01).

[3]邱开金.从思政课程到课程思政,路该怎样走[N].中国教育报,2017-03-21.

[4]教育部完成高校思政课大调研 86.6%受访学生喜欢上思政课[N].中国青年报,2017-12-07.

[5]在庆祝中国共产党成立95周年大会在京隆重举行[N].人民日报,2016-07-02(01).

[6]习近平首次点评“95”后大学生[N].人民日报,2017-01-03(02).

[7]坚持中国特色社会主义教育发展道路 培养德智体美劳全面发展的社会主义建设者和接班人[N].人民日报,2018-09-11(01).

五、外文文献

[1]Stephen R. Adamson, Subtle Messages: an Examination of Diversity in the Illustrations of Secondary Level One French Textbooks[J]. Pro Quest LLC, 2013:20－21.

[2]Dewey J. Foundations of Method Informal Talks on Teaching[M]. New York:

Macmillan,1925.

[3]Power C,Kohlberg. Ethical Climate in Schools[J]. 1987:12－13.

六、其他

[1]中共中央、国务院.关于进一步加强和改进大学生思想政治教育的意见[Z].中发〔2004〕16号.

[2]中共中央办公厅、国务院办公厅.关于进一步加强和改进新形势下高校宣传思想工作的意见[Z].中办国办印发文件〔2014〕59号.

[3]中共中央、国务院.关于加强和改进新形势下高校思想政治工作的意见[Z].中发〔2016〕31号.

[4]中共教育部党组.高校思想政治工作质量提升工程实施纲要[Z].教党〔2017〕62号.

[5]国务院关于加快发展现代职业教育的决定[Z].国发〔2014〕19号,2014-05-02.

[6]教育部.关于全面提高高等职业教育教学质量的若干意见[Z].教高〔2006〕16号.